KB143320

학생 주도 배움 중심 수업 이렇게 한다

함께 배움

가만히 앉아 있으라는 굴레를 벗어던진 수업

학생 주도·배움 중심 수업 이렇게 한다

함께 배움

가만히 앉아 있으라는 굴레를 벗어던진 수업

초판 1쇄 발행 2016년 6월 10일
초판 4쇄 발행 2018년 6월 25일

글쓴이 니시카와 준
옮긴이 백경석
펴낸이 김승희
펴낸곳 도서출판 살림터

기획 정광일
편집 조현주
북디자인 꼬리별

인쇄·제본 (주)현문
종이 월드페이퍼(주)

주소 서울시 양천구 목동동로 293, 22층 2215-1호
전화 02-3141-6553
팩스 02-3141-6555
출판등록 2008년 3월 18일 제313-1990-12호
이메일 gwang80@hanmail.net
블로그 http://blog.naver.com/dkffk1020

ISBN 979-11-5930-017-2 03370

*가격은 뒤표지에 있습니다.
*잘못된 책은 바꾸어 드립니다.
*본문의 사진은 한국에서 촬영된 것입니다.

학생 주도 배움 중심 수업 이렇게 한다

함께 배움

가만히 앉아 있으라는 굴레를 벗어던진 수업

니시카와 준 지음 | 백경석 옮김

살림터

저의 책을 한국 독자들이 읽을 수 있게 되어 영광으로 생각합니다.

저는 대학에서 생물학을, 대학원에서 교육학을 배웠습니다. 머릿속에는 방대한 교재와 지도법, 그것을 뒷받침하는 심리학을 담고, 의기양양하게 고등학교 교사가 되었습니다. 그러나 교단에 선 지 1주일 만에 대학·대학원에서 배운 게 모두 헛것이었다는 것을 알았습니다. 대학·대학원에서 배운 것은 배우려고 하는 어린이들에게는 유효합니다. 그러나 제가 부임한 고등학교는 학력이 가장 낮은 삼류 학교였습니다. 그곳에서 학교 현장에서만 배울 수 있는 다양한 노하우·표정 관리·화술을 배웠습니다. 그러자 이전까지는 야수처럼 보였던 학생들이 실제로는 부끄러움 많고 외로움을 잘 타는 귀여운 학생임을 알았습니다.

수업을 (의도대로) 진행할 수 있었고 학생들도 저를 잘 따라 주었습니다. 행복한 날들이었습니다. 그러나 저 자신을 속일 수는 없었습니다. 다양한 시도를 했지만 학생들 전원을 알게 할 수는 없었습니다. 그래서 학생들 모두가 수업 내용을 이해한 것처럼 생각하도록 지도를 했습니다. 이것은 가능합니다. 왜냐하면 모르는 학생은 '안다'는 것을 이해하지 못하기 때문입니다. 때문에 교사가 "잘했어", "이해했네"라고 칭찬하면 학생들은 자신이 안다고 오해해 주었습니다.

또, 학생들의 가정 사정은 심각했습니다. 자신의 아이를 개만도 못하다고 생각하는 부모도 있었습니다. 그런 상황에서도 아이들은 열심히 살고 있었습니다. 이 아이들을 구하고 싶다고 간절히 원했습니다. 그러나 그것은 불가능합니다. 단 한 명의 아이를 구하려고 하더라도 저의 모든 삶을 바치겠다는 각오가 필요합니다. 그런데 제 눈앞에는 수백 명의 아이들이 있습니다. 그래서 적어도 저의 수업 시간만큼은 행복하게 하고 싶다고 생각했습니다. 웃음이 있고, 눈물이 있는 수업을 했습니다. 학생들은 제 수업을 재미있다고 생각해 준 것 같았습니다. 하지만 학교 밖으로 나오면 거기에는 냉엄한 현실이 있었습니다.

저는 필사적으로 합리화하려 했지만, 불가능했습니다. 학교에 가는 것은 좋았습니다. 수업도 재미있었습니다. 그러나 날마다 1되의 술을 마시지 않으면 잠을 못 이루는 날이 계속되었습니다. 그런 와중에 대학원 때 쓴 학술 논문이 평가되어 대학으로 옮겨 갈 기회를 얻었습니다. 저는 대학으로 도망가 버렸습니다.

대학에서는 미친 듯이 논문을 썼습니다. 그 결과, 정답률을 십수 퍼센트 올려 주는 지도법을 많이 개발했습니다. 많은 학회로부터 학술상을 받기도 했습니다. 그러나 제 마음은 충족되지 않았습니다. 왜냐하면 십몇 퍼센트 상승으로는 제가 가르쳤던 학생들을 구할 수 없기 때문입니다. 그래서 연구 스타일을 대대적으로 바꾸었습니다. 이십 년 동안 많은 학술 연구와 실천 연구에 의해서 생긴 것이 '함께 배움'입니다. 함께 배움은 일본 전역의 수천 명 교사가 이십 년간 실천하여 축적된 자료를 가지고 있습니다. 때문에 나올 만한 문제는 이미 다 나왔으며 이에 대한 대책도 정리되어 있습니다.

함께 배움은 "한 명도 포기하지 않는 것"을 핵심으로 한 사고방식입니다. 이 사고방식만 준수한다면, 개개인이 안고 있는 과제(학습 면뿐만 아니라 가정 사정도 포함)를 함께 극복할 수 있는 친구가 생깁니다. 이런 친구만 있으면 학력 향상은 가능합니다. 나아가 학교 졸업 후, 삼십 년, 사십 년, 오십 년의 삶을 풍요롭게 살아갈 수 있습니다.

지금 일본의 고교, 대학을 졸업한 학생의 5할 가까이가 비정규직으로 채용됩니다. 정규직의 3분의 1, 4분의 1의 수입으로 한평생을 살아가지 않으면 안 됩니다. 일본은 저출산 고령화 사회에 돌입해 있습니다. 앞으로 어떤 뛰어난 정치가가 나타나 탁월한 정책을 실시하더라도 (풍요롭던) 과거로 돌아갈 수 없을 것입니다. 그럼 어떻게 하면 아이들에게 풍요로운 삶을 줄 수 있겠습니까? 저는 "동료"라고 믿어 의심치 않습니다. 동료를 조직적으로 만들어 주는 것은 학교뿐입니다. 날마다의 교과 학습에서 함께 어려움을 극복함으로써 모든 어린이들에게 "동료"를 만들어 줄 수 있습니다.

저는 한국 선생님들에게도 저의 마음이 전달될 것이라고 생각합니다. 나라를 바꿀 수 있는 것은 최고 권력자가 아닙니다. 우리 교사들입니다. 우리가 어린이들에게 동료를 쉽게 버리면 자기 자신도 버려지게 된다는 것을 이야기해서 어린이들이 납득한다면 나라는 바뀝니다.

함께합시다!

2016년 5월
조에츠 교육대학교 교직대학원 교수
니시카와 준

지금, 많은 선생님으로부터 "학급에 염려되는 학생이 늘었다.", "학교 일이 너무 많아져서 학생들을 돌볼 시간이 없다.", "학교에서 집으로 오는 시간이 늦어져, 집에 도착하면 밤 10시다. 몸이 무거워 교직을 계속할 수 있을지 불안하다." 등 학교 일이 너무 힘들다는 이야기를 듣습니다.

강연회로 전국을 돌아다니면서 선생님들과 상담하다 보면, 신입 선생님들뿐만 아니라 베테랑 선생님들도 학급 운영에 지치고 쇠약해진 모습을 보게 되는 경우가 적지 않습니다.

저는 이런 선생님들께 "가정을 소홀히 하지 않으면서도, 학교 일이 가능한 수업이 있습니다"라고 항상 말합니다. 이 수업이 지금부터 소개하는 '함께 배움'입니다.

가정이나 자신을 희생하면서 어린이를 위해 진력하는 것은, 듣기는 좋은 말이지만, 그렇게 해서 과로사라도 하게 된다면 무슨 소용이 있겠습니까? 어린이는 어른들을 보고 어른이 됩니다. 이런 역할을 떠맡은 어른의 대표가 교사입니다. 가정의 행복, 일의 기쁨을 온몸으로 학생들에게 보여 주어야 합니다. 교사인 우리들은 행복해질 의무가 있습니다.

이 책에서 소개하는 '함께 배움'은, 수업 중 학생들이 서로 공부를 가르치고, 서로 배우는 매우 단순한 수업입니다. 단 한 가지, 중요하게 생각하는 것은 "모두가 알도록 하여 한 사람도 포기하지 말자"입니다.

함께 배움은 매우 단순하지만 실제로 시작하면 학급의 인간관계에서 생기는 문제들이 명확하게 줄어들고, 성적이 향상됩니다. 평균점뿐만 아니라 최저점이 100점 만점 중 80점이 됩니다. 이런 성적 향상은 함께 배움에서는 흔한 일입니다. 또 이를 실천하고 있는 많은 학급에는 등교 거부, 따돌림이 없어진다는 연구 결과가 있습니다.

실제로 함께 배움을 실천하고 있는 많은 선생님이 다음과 같은 말씀을 해 주었습니다.

- 이전보다 학생들이 교사에게 협조적으로 되어, 일이 빨리 끝나 일찍 귀가하게 되었다.
- 학생들이 서로 도와주고, 협력하는 모습을 볼 수 있었다.
- 지금까지 졸업식이나 운동회 등에서 학생들의 모습에 감동한 적이 있지만, 매일 보통의 수업에서 학생들의 멋진 모습에 눈물을 흘리는 자신을 보고 깜짝 놀란다.

- 지금까지 속을 썩였던 학생이 변해서 전혀 신경 쓰지 않게 되었을 뿐만 아니라, 지금은 학급의 중심이 되어 활약하고 있다.
- 지적장애가 아닐까 생각되던 학생이 최근에는 80점 정도는 맞게 되고, 본인은 100점 만점을 목표로 하고 있다.
- 학급의 문제를 전에는 교사 혼자서 짊어졌지만, 지금은 학생들이 스스로의 힘으로 해결하기 때문에, 정신적으로 정말 편해졌다.
- 여유를 갖고 학생들을 볼 수 있어서, 학생 한 사람 한 사람을 정말 잘 볼 수 있게 되었다.
- 학생의 모습을 웃으면서 이야기할 수 있게 되어, 교무실에 있는 시간이 길어졌다.

"모두가 알도록 하여 한 사람도 포기하지 말자"라는 단 한 가지를 중요하게 지키는 것만으로도 학급이 이렇게 달라집니다. 학급의 모든 학생이 공부한 것을 이해하고, 그 어떤 학생도 포기하게 되는 경우가 없습니다. 여러분이 정말로 실현해 보고 싶은 학생 모습을, 학급 모습을 보게 될 것입니다. 그리고 여러분 자신도, 자신의 가정이나 동료를 지원해 주고 지원받을 수 있게 됨으로써 멋진 나날을 보낼 수 있습니다.

이 책은 처음 배우는 사람이 함께 배움을 학급에 자연스럽게 도입하는 방법을 소개합니다. 처음에는 일회성 이벤트로 해 보고, 잘되면 주 1회, 나아가 학급이 좋은 방향으로 변해 가면 함께 배움 시간을 더 늘려 가는 방법입니다. 지금까지 수많은 선생님들이 함께 배움을 시도했는데, 이 책은 그 수많은 선생님들의 시행착오로 태어났습니다. 이 책에는 보다 많은 선생님들이 불안 없이 확실하게 함께 배움을 시작하기 위한 방법과 지혜가 구체적으로 소개되어 있습니다.

자, 시작합시다!

니시카와 준

이 책을 이런 당신에게 권합니다!

① '함께 배움'이 어떤 수업인지 알고 싶다!
② '함께 배움'을 해 보고 싶지만 처음에 어떻게 하면 좋을지 모른다.
③ 문제가 많은 학급이지만, 우리 학급에서도 자연스럽게 시작할 수 있는 방법을 알고 싶다.
④ '함께 배움'을 실험적으로 해 보았지만 좀 더 계속하고 싶다!

⇩

이 책은 이런 단계로 '함께 배움'을 자연스럽게 시작할 수 있습니다.

① 이벤트로 시험 삼아 '함께 배움'을 해 본다.
② 주 1회 수업에 도입하여 '함께 배움'을 해 본다.
③ 정상적으로 '함께 배움'을 하는 수업 수를 늘려 간다.

⇩

어떤 학급이라도 자연스럽게 '함께 배움'을 시작할 수 있다!

'함께 배움' 수업은, 일제 수업과 이렇게 다릅니다.

일제 수업은

- 선생님이 학생을 가르친다.
- 학생들에게 조용히 앉아 있을 것을 장려한다.
- 선생님의 속도에 맞춰 수업이 진행된다.
- 학생은 침묵하고 있는 시간이 많다.
- 이해하지 못하는 학생이 있어도 수업은 그대로 진행된다.

'함께 배움'에서는

- 선생님은 과제를 제시하고, 학생은 학생끼리 서로 배우고, 가르친다.
- 학생은 서로 배우고, 가르치기 위해 자리에서 일어나 돌아다니는 것을 권장한다.
- 학생은 각자 자신의 속도에 맞춰 수업 내용을 배워 나갈 수 있다.
- 학생들이 서로 의사소통하는 시간이 많다.
- 이해하지 못하는 학생은 이해할 때까지 친구들에게 질문할 수 있다.

'함께 배움'의 구체인 실행 방법으로 GO ⇨

3장 주 1회 해 봅시다

4장 더 많은 시간을 함께 배움으로 합시다

5장 반동을 피해 발전하는 방법

1장

함께 배움은 멋지다!

함께 배움을 시작하면 학생이 확실하게 변합니다.
먼저, 수업에서 모든 학생이 생생하게 살아납니다.
수동적인 학생들이 줄어들고,
수업 내용을 이해하는 학생들이 자꾸자꾸 늘어납니다.
학급의 인간관계가 좋아져
학급에서 일어나는 문제는 학생들끼리 해결해 버립니다.
무엇보다도 선생님이 편해집니다.
함께 배움을 실제로 실천하고 있는
선생님들의 체험담과
함께 배움이 잘되는 이유를 소개합니다.

01 함께 배움은 어떤 것?

함께 배움은 어떤 수업인가?

함께 배움은 학생들끼리 서로 배우고 가르치면서 자발적으로 학습하는 수업입니다.

함께 배움에서는 먼저, 교사가 학생들에게 그 시간 내에 달성해야 할 과제를 제시합니다. 그 과제를 학급 전원이 달성할 것을 요구합니다.

학생들은 과제 달성을 위해 일어나 걸어 다니면서 모르는 것을 묻거나, 또는 모르는 친구들에게 가르쳐 주기 위해 수업 중에 돌아다닙니다.

지금까지 미니 선생님, 모둠 학습, 짝 활동 등 학생들의 의사소통을 중심으로 한 수업은 있었지만, 함께 배움은 그것, 즉 의사소통을 철저하게 적용하여 발전시킨 수업입니다.

함께 배움 수업의 구체적인 모습은?

함께 배움 수업에서 처음 5분간은 교사가 그 시간의 과제를 학생들에게 설명합니다.

예를 들면, "수학책 32쪽 문제 1을 풀고, 그 풀이 방법을 전원이 다른 사람에게 설명할 수 있게 된다"와 같이 과제를 제시합니다.

그리고 "수업 중에, 돌아다니거나 서로 이야기해도 OK입니다. 자발적으로 다른 사람에게 풀이 방법을 물어보거나, 모르는 친구에게 가르쳐 주어서 전원이 과제를 달성할 수 있도록 합시다. 자, 시작하세요"라고 말합니다.

학생들은 먼저 스스로 문제를 풀기 시작합니다. 그 후, 자리에서 일어나 돌아다니기 시작합니다. 과제를 해결한 학생이 모르는 학생에게 가르쳐 주기 위해 가기도 하고, 모르는 학생이 해결한 학생에게 물으러 가기도 합니다. 활발하게 활동하는 모습을 볼 수 있습니다. 학생들은 돌아다니며, 활발하게 의논하면서 전원 과제 달성이 되도록 합니다.

무엇보다도 '한 사람도 포기하지 않는' 것이 중요하다

함께 배움에서 가장 중요시하는 것은 '한 사람도 포기하지 않고, 전원이 과제를 달성하는' 것입니다.

'한 사람도 포기하지 않는다'는 것을 말뿐이 아니라 구체적인 장면에서 확실하게 추구하는 것이 함께 배움의 가장 중요한 포인트입니다. 한 사람이라도 포기하면 두 사람, 세 사람도 포기하기 시작해, 마지막에는 수업이 '붕괴'되고 맙니다.

수업 중이나 쉬는 시간에도 모두가 과제를 달성하는 것의 중요성과 한 사람도 포기하지 않는 것의 중요성을 교사는 반복해서 전달해야 합니다.

실제로 교사 자신이 정말로 그것이 중요하다는 태도를 계속 유지하면 학생들은 확실히 변하고, 나아가 학생들 간의 관계도 좋아지고 성적도 올라가는 선순환이 됩니다.

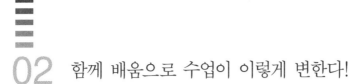

02 함께 배움으로 수업이 이렇게 변한다!

함께 배움의 효과는 다음과 같습니다.

인간관계

인간관계가 개선됩니다. 학생들 간의 다툼이 사라지고, 분쟁을 학생들 자신이 해결할 수 있게 됩니다.

등교 거부

학급의 인간관계가 좋아지면 심리적인 이유로 학교에 오지 않는 등교 거부가 해결됩니다. 함께 배움을 실천하기 시작한 많은 학교에서 실제로 등교 거부가 사라졌습니다.

성적 향상

성적이 올라갑니다. 왜냐하면 모르는 채로 교사의 이야기를 듣고 있는 것보다는 "모르니까 가르쳐 줘"라고 말하면서 알 때까지 친구에게 물어보는 편이 훨씬 더 이해가 잘되기 때문입니다.

특별 지원

자폐, 아스퍼거, 학습장애, ADHD······ 이런 장애는 각각 특성이 다르기 때문에 각 개인에 맞는 대응이 다릅니다. 교사가 장애와 관련된 책을 읽고 관련된 연수를 수차례 받았다고 하더라도 전문가와 같은 대응은 할 수 없을 것입니다. 그러나 함께 배움에서는 특별 지원이 필요한 학생의 존재를 교사나 학급 친구들이 신경 쓰지 않는 상태가 됩니다. 또 지원이 필요한 학생이나 그렇지 않은 학생 모두가 마음 편하게 학교생활을 하게 됩니다.

사람 간의 성격이 맞는 것은 불가사의합니다. 교사가 아무리 책을 읽고 연수를 받아서 좋은 관계를 형성하려고 해도 되지 않던 학생이, 다른 사람과는 금방 좋은 관계를 형성하기도 합니다. 학급에서 한 명뿐인 교사와 수십 명의 학급 학생 중에서, 어느 쪽이 성격이 서로 잘 맞는 사람이 될 가능성이 높겠습니까?

성격의 불일치는 어쩔 도리가 없습니다. 좋은 관계를 형성하려는 교사의 노력 부족도 아니고, 그 학생의 능력이 부족해서도 아닙니다. 특별 지원이 문제가 되는 것은, 좋아진다는 어떤 근거도 없이 교사 혼자서 끌어안고 있을 때 생깁니다. 함께 배움에서는 학급 친구 전원이 지원합니다. 나아가 특별 지원 학생을 포기하지 않는 학급에서는, 다른 학생들이 '나도' 포기하지 않을 것이라는 안도감을 갖게 됩니다.

바로 효과를 본다

이상에서 거론한 효과는, 대부분의 평범한 교사에게는 '높은 산에 핀 꽃'이 아닐까라고 생각하는 분도 있을 것입니다.

하지만 이러한 효과는 비교적 이른 단계에서도 충분히 실감할 것입니다. 이 책에 나와 있는 단계대로 확실히 한다면, 3시간이면 가능합니다. 아무리 늦어도 2주일이면 됩니다. 너무 터무니없는 말이라고 생각할 수도 있겠지만, 분명한 이유가 있습니다. 그 이유는 이 책을 계속 읽으면 알 수 있을 것입니다. 핵심은 발상의 전환입니다. 그럼 함께 배움을 실천했던 분의 체험을 소개하겠습니다.

▶ 함께 배움으로 학급이 변했다! ◀

고지마 아키코(니가타 현 초등학교 교사)

첫인상은 '이상한 수업'

처음 함께 배움 수업에 관한 이야기를 들었을 때, 즉 '교사는 가르치지 않고, 학생들이 서로 가르치고 배워서 학습이 이루어진다'는 등의 이야기는 단지 이상론에 불과하다고 생각했습니다. 혹시 실현되었다고 하더라도 대단한 역량을 지닌 교사 외에는 불가능하다고, 저와는 인연이 없는 것으로 생각했습니다. 그리고 제가 이 '이상한 수업'에 발을 들여놓을 일은 결코 없을 것이라 생각했습니다.

그로부터 4년이 지난 어느 날. 잘 알고 지내던 교장선생님의 학교에서 이 '이상한 수업'을 학교 전체가 도입하여 실시하고 있다는 것을 알게 되었습니다. 너무 갑작스러운 일이라서 믿을 수 없어 그만 "이런 이상한 수업을, 정말로 하고 계신 겁니까?"라고 여쭈어 보았습니다. 제 가까이에 이런 '이상한 수업'을 실천하는 사람이 있다는 것 자체가 놀라웠기 때문입니다. 그리고 이런 수업이 현실로 성립한다는 것 자체가 상상이 되지 않았습니다.

그 교장 선생님은 덤덤한 표정으로 "간단해요. 아무 생각 없이 해 보는 것이 오히려 잘되어 가네요"라고 가르쳐 주셨습니다. 아무 생각 없는 편이 잘된다면 나도 가능할지도 모르겠네, 이런 가벼운 마음으로 일단, 실시해 보기로 했습니다.

최초의 시도는 3학기부터

당시 저는 초등학교 1학년 담임으로, 이미 3학기를 맞이했습니다. 처음에는 수학 학습지를 활용했습니다. "이 학습지 문제를 풀어 주세요. 모르는 것은 친구에게 물어서 배우세요. 친구에게 묻기 위해서 교실을 자유롭게 돌아다녀도 상관없습니다. 알아낸 사람은 모르는 친구에게 가르쳐 주세요. 그래서 모두가 문제를 다 해결할 수 있도록 해 주세요"라는 정도의 언급으로 시작했던 생각이 듭니다. 어린이들은 바로 교실을 돌아다니며, 서로 물어보고, 가르치기 시작했습니다.

이런 모습은 전에 들었던 함께 배움 수업처럼 보였지만, 어린이들에게 맡겨 버린 순간 너무 간단하게 이런 상태가 되었기 때문에 '이대로 괜찮을까?' 반신반의했습니다.

함께 배움 수업을 시작하고 바로, 몇 가지 발견한 것이 있습니다.

먼저, 제가 이야기를 하더라도 항상 천장만 쳐다보던 아이가 수학 시간에 생기발랄하게 블록을 조작하기 시작했습니다. '13-7'과 같은 단순한 뺄셈식으로부터 '이야기'를 만들어, 블록을 사용해서 만든 이야기를 중얼거리며 재미있게 조작하는 것입니다.

또, 보통 때에는 개별 지도가 필요한 어린이라고 생각했던 아이가 자발적으로 친구들에게 "가르쳐 줘"라고 요청했습니다. 그 아이는 제가 개별 지도를 할수록 입을 더 굳게 다물었던 아이였습니다. 반응이 적었기 때문에 어떻게 하면 좋을까 고민하던 상황이었습니다. 그런데 아무리 가르치려고 해도 잘 되지 않았던 아이가 스스로 움직이기 시작했습니다. 이 아이는 점수가 늘지 않아 고민했었는데 스스로 친구들에게 가르쳐 달라고 요청하여, 배운 다음부터는 테스트에서 6회 연속 100점 만점을 받았습니다.

제 자신이 실천하고 있는 것이 함께 배움 수업이 정확한지 불안은 했지만, 학생들에게 맡겨서 수업을 해 보니, 그전까지는 결코 볼 수 없었던 활기찬 모습을 매일 볼 수 있었습니다.

특별 지원과 함께 배움

그러는 동안에 또 다른 생각이 떠올랐습니다. 그것은 특별한 지원이 필요하다고 일컬어지는 아이였습니다. 함께 배움 수업은 '한 사람도 포기하지 않는다'는 것이 핵심적인 생각입니다. 그런데 저는 이 아이를 포기하고 있는 것이 아닌가라는 자각이 들었습니다. 국어, 수학은 특수학급에서 따로 공부하고, 음악이나 체육도 같이 할 수 없는 경우가 많아서 '어쩔 수 없지 뭐'라고 생각했었습니다. 하지만 '한 사람도 포기하지 않는다'면 이 아이도 함께 해야 한다는 생각이 들었습니다.

그런데 어떻게 하면 좋을지 몰랐고, 아무리 생각해도 무리라는 생각이 들었습니다. 여러 날 동안 계속 생각해 보았습니다.

그러던 어느 날 밤, '같은 과제를 하라고 하면 무리야. 그 아이에게는 다른 과제를 하라고 하면 좋을 것' 같다는 당연한 생각이 떠올랐습니다. 그리고 동시에 특수 보조 선생님과 협동해서 하면 될 것이라고 생각했습니다. '혼자가 아닌, 두 사람이 하면 어떻게 해서라도 될 것 아닌가? 그리고 학급 학생들과 함께 한다면, 지금까지는 안 되었지만, 이 아이에게도 플러스가 되는 일이 일어나지 않을까?'라고 생각하니 납득이 되기 시작했습니다.

다음 날부터 이 아이의 상태가 좋을 때에는 국어와 수학 시간도 학급에서 공부하게 했습니다. 보조 선생님에게는 "어린이들끼리의 교류가 늘어나도록, 1미터 정도 떨어져서 살펴봐 주세요"라고 부탁했습니다. 처음에는 이상하다는 얼굴로 반대하던 보조 선생님도 자신이 이 아이한테서 떨어져 있을 때에는 다른 아이들이 와서 소통하는 것을 보고 마음이 점차 바뀌기 시작했습니다. 그리고 수학 시간에 주위의 친구가 도와서 함께 하는 활동이 가능한 것을 보자, 저와 보조 선생님은 서로 얼굴을 쳐다보면서 그 기쁨을 함께했습니다.

음악 시간에 건반 하모니카 연습을 시작하면, 가만히 앉아 있는 것이 어려운 이 아이는 교실을 나가곤 했습니다. 하지만 함께 배움으로 건반 하모니카 수업을 하면, 모두가 돌아다니기 때문에 가만히 앉아 있을 필요가 없었습니다. 스스로 음악실 선반에서 리코더를 찾아, 모두가 건반 하모니카를 연습하고 있는 옆에서 신나게 '삐- 삐-' 불기 시작했습니다. 만일 일제 수업이었다면, 저는 그 소리가 방해가 된다고 생각했을지 모르겠습니다. 하지만 많은 건반 하모니카 소리가 울려 퍼지는 중에 울리는 리코더 소리는 기분 좋게 들렸습니다. '아마 이것이 음악일지도 모르겠다'는 생각이 들었습니다.

이 아이와 함께 생활했던 것은 학년 말로 불과 한 달 반이었습니다. 보조 선생님도, 특수학급 선생님도, 처음에는 다른 학생들과 함께 활동하는 것을 반대했습니다. 하지만 마지막에는 "다양한 학생들과 대화를 하는 기회가 늘었기 때문에, 사용하는 어휘가 압도적으로 풍부해졌다"

라고 그 성과를 이야기해 주었습니다.

주위의 학생들 속으로 녹아 들어가 공부할 수 있게 된 이 아이의 모습과 또 그것을 가능하게 한 집단의 힘을 눈으로 보니, 함께 배움 수업 방식에 점차로 확신을 갖게 되었습니다.

함께 배움 수업으로 학급이 안정되다

함께 배움의 사고방식은 다양한 사람과의 교류를 통해 스스로 과제를 해결하는 것입니다. 수업을 통해서 어린이들은 연결됩니다. 어린이들이 서로 연결되면 학급이 안정됩니다. 어린이들이 자유롭고 활기차게, 자신이 지닌 힘을 발산하기 시작함을 알 수 있습니다. 함께 배움 수업을 일제 수업과 비교할 때가 자주 있지만, 일제 수업과 반대 방향을 향하고 있는 것은 아닙니다. 오히려 집단이 안정되어 있기 때문에 일제식 지도도 쉬워집니다.

처음 시작할 때, 결코 어렵지 않습니다. 변화는 바로 나타납니다. 비현실적이라고 생각했던 '이상한 수업'에 결코 발을 들여놓지 않을 것이라고 생각했던 수업을, 계속 실천하고 있는 제 자신이 이상하다는 생각이 듭니다.

토키마츠 테츠야(오이타 현 초등학교 교사)

5학년 학급에서 함께 배움을 시작하며

생활지도뿐만 아니라 학습 면에서도 힘든 초등학교에서 근무하고 있었습니다. 이곳저곳의 학급에서 트러블이 계속 발생하여 힘든 학교 운영이 계속되었습니다. 이런 상황에서 다카사키 시의 함께 배움 수업 기사(공동통신사)를 본 학교 연구부장이 교내 연수로 함께 배움 수업을 도입하게 되어 시작했습니다.

함께 배움 수업의 실천 첫해에, 5학년 담임을 맡고 있었습니다. 교사를 지망했던 때, 초임 교사 시절, 뜨겁게 품었던 '모든 학생들이 이해할 수 있는 수업'에 대한 열정을 다시 한 번 불태우고 싶은 마음을 학생들에게 이야기하며 수업을 시작했습니다.

수학 시간에 함께 배움 수업의 의미를 먼저 말하고 나서, "한 명도 남김없이 전원 과제를 달성하도록 해 주세요. 방법은 여러분에게 맡깁니다. 자, 시작하세요"라고 말하고는 어린이들에게 맡겼습니다.

그러자 혼자 과제를 풀려고 하는 아이, 일어나 물어보러 가도 되는지 망설이는 아이, 주위의 상황을 살피는 아이 등 약간 당혹스러워하는 모습이 보여서, "모두의 과제 달성에 도움이 된다고 생각되는 것이라면 무엇을 해도 괜찮아요"라고 말했습니다.

그때 자리에서 일어나 친구와 서로 이야기하는 아이가 나타나서, "좋아요. 모르는 것은 친구와 서로 이야기해 보는 것도 좋아요", "모르는 것을 친구에게도 물어보는 것도 좋아요", "어려워하는 친구를 그대로 내버려 두지 않는 것이 중요하지요"라는 등의 말을 해 주었습니다. 그러자 어린이들의 움직임이 활발해지고, 여기저기서 서로 배우는 모습이 보였습니다.

이런 좋은 모습이 있는 반면에, 친한 친구들만의 활동으로 끝내거나 거의 교류를 하지 않는 아이들도 있었습니다. 또 시간 안에 전원 달성이 불가능하기도 하고, 마지막 남은 아이 주변에 많은 아이들이 모여 있기도 했습니다. 과제를 끝낸 아이들 중에는 놀고 있는 아이들조차 있었습니다. 막상 시작해 보고 나서야 알았던 고민이었지만, 학교 전체가 함께 실천하고 있었기에 "이럴 때는 어떻게 했습니까?"라고 교무실에서 화제 삼아 이야기하며 해결책을 생각해 나갔습니다.

말썽을 일으켰던 아이가 변했다

작년에 모든 일에 교사에게 반항하고 친구들과 충돌을 일으켰던 A군이 학급에 있었습니다. 약간 삐딱했던 A군은 함께 배움 수업을 시작하자 매우 좋은 반응을 보이기 시작했습니다. 즉시 자리에서 일어나 친구들과 의논하는 모습을 보여 주었습니다. 수업 중에 자리를 떠나는 것은 A군에게는 별로 이상한 일이 아니었겠지만 말입니다. 함께 배움 수업에서 A군의 모습을 마음껏 칭찬해 주었습니다. 친구들에게 "알았다!"고 말하며 함께 만족해하고, 가르쳐 준 친구에게서 고맙다는 말을 듣기도 했습니다. 이러한 것들이 A군을 학급에서 마음 편하게 있도록 해 주었던 것 같았습니다.

어느 날, B군이 새로 전학을 왔습니다. B군은 여러 가지 어쩔 수 없는 사정으로 여러 번 전학을 한 아이로, 학습 의욕을 전혀 찾아볼 수 없었습니다. 'B군은 어떻게 될까?' 염려하면서 평상시처럼 함께 배움으로 수학 공부를 했습니다. B군은 교과서도 내놓지 않고 수업에 대한 거부반응을 보였지만, 선생님이 아무런 말도 하지 않고, 멋대로 서로 배우고 있는 친구들의 모습을 이상한 듯이 바라보았습니다. 수업 중반이 되자 착실한 여학생 하나가 B군에게 말을 걸었습니다. "다 했어?", "잘 모르면 가르쳐 줄게", "어디까지 알고 있니?"라고 묻자, B군은 깜짝 놀란 표정으로 "시끄러워. 저쪽으로 꺼져"라고만 했습니다.

함께 배움 수업에서 이런 말을 들어 본 적이 없었던 착실한 여학생은 못마땅한 얼굴로 멀어져 갔지만, 의외로 표정은 담담했습니다. 나중에 물어보자 "여러 가지 친구가 있지만요. 좀 메스꺼웠어요"라고 말했습니다. 함께 배움에서 다양성의 좋음을 어린이들이 체득하고 있다는 생각이 들었습니다. 그 후에도 이런저런 친구들이 다가가자 "시끄러워. 저쪽으로 꺼져"라는 말만 했습니다. 이것을 본 A군이 "무슨 일이니, B야. 안되잖아? 그렇게 말해 버리면"이라고 하면서 어깨동무를 했습니다. 그러자 약간 가라앉은 목소리로 "나는 못해도 좋아"라고 응답했습니다.

그러자 A군이 바로 "안 돼. 네가 안 되면. 우리는 친구이니까"라고 했습니다.

그 말을 들은 B군은 우물거리며 불만스러운 말을 하면서도 모두로부터 지원을 받아서 멋지게 과제 달성에 성공했습니다. 그때부터 매시간

B군은 친구들에 둘러싸여서 공부를 했습니다. B군은 불과 일주일 만에 사정이 있어서 전학을 갔습니다. 친구들에게 작별 인사도 하지 못한 급한 전학이었습니다. 어머니가 학교에 짐을 가지러 와서 이런 말을 해 주셨습니다.

"B에게 같이 와서 모두에게 작별 인사를 하라고 했더니 '나는 갈 수 없어, 작별 인사를 한다면 울어버릴 것 같아'라고 해서 오지 못했습니다. 이런 일은 처음입니다. 짧았지만 정말로 감사드립니다."

전학 갔다는 말을 들은 친구들은 "헤~, 인사도 없이"라며 섭섭해했지만, 그의 사정을 잘 알고 있는 담임으로서는 매우 감동적인 사건이었습니다.

학급의 일원이 된 C양

불만스러운 표정, 어쩐지 위에서 내려다보는 듯한 시선의 C양은 친구들과 원만한 관계를 만들지 못하고 홀로 떨어져 있었습니다. 모두가 왁자지껄 배우고 있지만, 결코 스스로 움직이지 않고 가만히 앉아 있는 C양. 주위에서도 다가서려고 하지 않았습니다.

가장 마음 아픈 광경이었지만, 제가 나서서 도와준다면 학급 친구들은 그 친구를 공부 상대로 끼워 주지 않을 것 같았습니다. 그래서 직접적인 접근보다는 학급 전체에게 반복해서 이야기를 했습니다. 하지만 여전히 상황은 개선되지 않았습니다. 한 아이가 다가가서 말을 걸어 보려고 하다가도, C양의 냉담한 태도에 곧바로 물러섰습니다. "우리 아이가 친구들이 가르쳐 주지 않는다고 울고 있습니다"라는 C양 부모님의 항의 전화도 받았습니다. 그래도 함께 배움은 그만두지 않았습니다. C양은 아니지만 다른 학생들이 변해 갔기 때문입니다.

"전원 달성을 위해서 가장 좋다고 생각하는 것을 합시다"라는 말을 반복해서 했습니다. 점차 접촉하는 범위가 넓어지고 학생들의 표정이 생기발랄해졌습니다. 그래서 근거는 없지만 C양도 학급의 일원이 될 것이라는 확신이 들었습니다. 드디어 C양을 그대로 둔다면 전원 달성이 될 수 없다는 것을 파악한 친구들이 여러 명 나타났습니다. 친절한 남자아이의 권유로 C양도 학급의 일원으로 포함되었습니다.

함께 배움을 통해 저는 어린이들의 장점과 달성하려는 의욕을 이전보다 훨씬 더 잘 알게 되었습니다. 어린이들에게 맡겨 버리니 기대 이상의 달성도를 보여 주었습니다. 이런 흐뭇한 모습이 이 수업을 계속해 나가는 원동력이 되고 있습니다. 어린이들의 이런 모습을 더 많이 볼 수 있는 것이 함께 배움 수업의 좋은 점입니다.

▶ 학급에 기쁜 일이 늘어나는 함께 배움 ◀

카와니시 히로유키(오카야마 현 초등학교 교사)

의사에게서 쉬라는 권고를 받고

"한계입니다. 정지입니다. 오늘부터 일하시면 안 됩니다. 일 생각은 하지 마세요."

처음 계기가 된 것은 이 말이었습니다. 한 학급 10명 정도의 작은 학교에서 중간 규모의 학교로 옮긴 지 일 년째였습니다. 어떤 학생이라도 포기하지 않으려고 가정도 희생하고…… 이것이 '교사의 정도'라고 생각했습니다. 결국 일은 손에 잡히지 않고 위와 같은 의사의 진단을 받았습니다. 휴직하고 있을 때 마음 깊은 곳에서 가족의 고마움을 느꼈습니다.

학교로 복귀하면서 '이제는 나 자신도 가족도 더 이상 희생시키지 않겠다'는 결심을 했습니다. 그러던 와중에 인터넷에서 함께 배움을 알게 되었습니다. '해 보자'는 마음보다는 '이제 이것밖에는 없다'는 생각으로 시작했습니다.

함께 배움 수업을 시작하며

함께 배움 최초의 수업에서, "지금부터 이 문제를 풀어 주세요. 모르는 것은 친구에게 물어서 알도록 해 주세요. 돌아다니면서 여러 친구에게 물어보아도 좋아요. 서로 도와서 모두가 알도록 합시다"라고 말했습니다. 처음에는 자리에서 일어나 서로 이야기하는 학생은 소수였습니다. 정말로 돌아다니면 선생님한테 혼날 것이라고 생각했던 것 같습니다. 하지만 돌아다녀도 혼나지 않고, 친구를 도와주는 것을 칭찬받자 그제야 안심이 되어 적극적으로 활동하기 시작했습니다.

기쁜 일이 늘어 가는 함께 배움

처음에는 외톨이가 된 아이, 놀고 있는 아이, 자기 혼자만 알고 뒤처진 친구에게는 무관심한 아이 등이 눈에 띄어서 걱정이 되었습니다. 아이들 움직임의 범위는 처음에는 소위 '친한 친구'였습니다. 그런데 점차로 교류 범위가 넓어져 갔습니다. 모두가 알고 있는지를 확인하는 아이가 늘어 갔습니다. 아이들의 시선을 보면 그것을 알 수 있었습니다.

공부하는 아이들이 늘어 성적도 향상되었습니다. "우리 집 아이는 공부 시간에 이전에는 모르는 것이 있으면 곤란했는데, 지금은 누군가가 도와주기 때문에 공부가 재미있다고 해요"라는 학부모의 말을 들었을 때, 그 기쁨은 잊을 수 없습니다.

또, 어린이들이 다른 사람의 성공을 기뻐하는 모습을 볼 수 있었습니다. 체육 시간에 마지막까지 다리 벌려 앞구르기가 잘 되지 않았던 A군 주위에 학급 친구 모두가 다가와 요령을 가르쳐 주고 격려하여 마침내 성공했을 때, "야, 성공이다!"라고 외치면서 기뻐하는 모습에 눈시울이 붉어졌던 것이 생각납니다. 이런 기쁜 일들이 매일같이 일어났습니다.

함께 배움 수업의 좋은 점은 무리 없이 시작할 수 있다는 점입니다.

그 핵심은 '한 사람도 포기하지 않는다', '어린이 탓이 아니다', '혼자서 다 짊어지고 가지 않는다'는 매우 당연한 것입니다. 그리고 전국적으로 이미 실천하고 있는 교사가 많고, 곤란했을 때 그분들에게 연락하면 여러 가지 도움을 받을 수도 있습니다. "도와주세요"라고 말만 하면 지원해 주실 분이 함께 배움에는 정말로 많이 계십니다. 정말로 당신도 혼자가 아닙니다.

한 사람도 포기하지 않고, 특수 아동도 가능하다!

후카야마 토모미(나가사키 현 초등학교 교사)

함께 배움과의 만남

함께 배움과 만났던 것은 5년 전입니다. 친구의 권유로 함께 배움 세미나에 간 것이 계기였습니다. 당시는 개별 지도가 특수 아동 지도의 최고 방법이라고 믿어 의심치 않았습니다. 한 명의 교사가 가르치는 것보다 어린이들 집단 속에서 서로 배우는 것이 훨씬 더 각자의 필요에 적합한 학습 방법이고 도움이 된다는 함께 배움의 논리는 아니라고 생각했습니다.

그 당시 제 학급에는 휠체어를 타고 다니는 학생이 있었습니다. 항상 흥미 없어 하는 표정으로 보조 선생님과 함께 제 수업을 듣고 있었습니다. 그 아이를 볼 때마다 '왜 재미있게 배울 수 없을까'라는 생각이 들었습니다. 함께 배움 수업의 연수를 받고 난 후, 이 아이는 보조 선생님과의 관계가 중심이 되고, 주위의 다른 아이들과는 별로 관계가 없다는 것을 알았습니다. 어린이들끼리의 연결이 이 아이의 의욕을 불러일으킬지 모른다고 생각해서, 망설여지긴 했지만 '일단 해 보자, 안 된다면 원래대로 하면 된다'고 생각했습니다. 수학과 음악 시간에 함께 배움을 도입해 보았습니다.

그 아이는 음악 시간에 피아니카(건반 달린 피리의 일종)가 서투른 친구에게 가서 함께 쳐 주었습니다. 마비되지 않은 손으로 가르쳐 주었습니다. 정말로 즐거운 마음으로 서투른 친구가 제대로 칠 수 있을 때까지 매시간 함께 해 주었습니다. 중도 장애로 도움만 받아 왔던 아이가 자기가 잘하는 것을 발휘하는 장면이었습니다. 이를 통해 자기 유능감도 느끼고 즐겁게 활동하는 모습은 저에게는 큰 충격이었습니다. 그리고 이런 것이 가능한 교육이야말로 함께 배움이라고 이해했습니다. 또, 이 아이뿐만 아니라 학급 아동 전체가 즐겁게 유능감을 높였다고 생각합니다.

함께 배움이기 때문에 모두에게 특별 지원이 가능하다

함께 배움을 시작하고부터, 다양한 아이들이 멋진 변화를 보여 주었습니다. 자폐 경향이 강해서 수업 중에는 대화가 어려운 A군은 무언가 소리를 들으면 화를 내면서 교실 밖으로 나가 버립니다. 그래서 함께 배움 수업에 참여하는 기회가 줄어들고, 주위의 아이들과도 잘 맞지 않아 친구들과 어울리지 못했습니다.

그래도 함께 배움 시간에 여자 친구들과 어울리게 되어, 공개수업에도 참여했습니다. 더욱더 놀라운 것은 같은 장애를 지닌 B양이 자신도 서툴지만, 수학 교과서의 문제를 A군에게 공책에 쓸 수 있도록 해 주었습니다. 제가 여러 번 이야기해도 들은 체도 안 하던 A군이 B양과 눈을 마주치면서 듣고 있었습니다. 도대체 어떤 차이가 있는지 저는 잘 모르겠습니다. 이제 A군은 함께 배움 시간은 자기가 좋아하는 공부를 해도 좋은 시간이라고 확실히 인식하고 있는 것 같습니다.

함께 배움으로 학생들은 A군의 개성을 이해하게 되어, 그와의 대화 방법도 알았습니다. 수업 중에는 절대로 웃지 않던 A군이 점심시간에는 자주 친구들과 어울려 웃고 있었는데, 그 모습을 볼 때마다 눈시울이 붉어지곤 했습니다. 함께 배움이 없었다면, 그는 다른 아이들에게는 멋대로 화를 내고 교실을 박차고 나가 버리는 아이로 인식되어 친구라는 생각이 들지 않았을 것입니다.

　　발달장애 아동 세 명을 포함한 40명 학급의 담임을 했던 때, 개별 지도를 하면서 학급 전원을 응대하는 것은 정말 무리였습니다. 하지만 함께 배움이라면 학급 전원의 상호작용으로 향상될 수 있습니다. 한 사람이라도 포기하지 않고 싶다는 마음이 들 때, 함께 배움은 하나의 큰 응답이 될 수 있다고 생각합니다.

▶ 어린이들이 학습의 주체가 되는 함께 배움 수업 ◀

쿠니토모 미치히로(고치 현 초등학교 교사)

교사로서의 자신감을 잃었을 때

제가 함께 배움을 만났던 것은 지인이 쓴 심리학 논문에서 본 '지금 함께 배움에 흥미를 갖고 있다'는 한마디가 계기였습니다.

당시 저는 2년째 같은 학급의 담임을 맡고 있었습니다. 작년보다는 더 나은 학급으로 만들어야겠다는 생각에 학생들에게 주의를 주는 횟수가 늘어났습니다. 2학기 중반이 되자 아이들 사이에서 저에 대한 불만이 터져 나오기 시작했습니다. 고립감으로 교직을 계속할 자신을 잃고 있었던 저에게는 뒤통수를 맞은 듯한 충격이었습니다.

바로 그때 함께 배움을 만났습니다. 저 자신이 이상적이라고 생각하는, 친구끼리 서로 연계되고 서로 도와주는 시간을 보장해 주지 못해서 고민하던 저에게는, 수업 시간에도 어린이들이 서로 연계해서 배우는 함께 배움 수업은 원했지만 할 수 없었던 형태였습니다.

어린이들이 의욕적으로 변하고

함께 배움 수업을 시작하자마자, "이 수업 좋아요"라며 일부러 와서 알려 주는 아이, 숙제로 내주지도 않았는데 일기에 함께 배움이 정말로 좋다고 쓴 아이도 있었습니다.

또 학부모로부터 "우리 아이가 스스로 사전을 펼쳐서 깜짝 놀랐습니다. 지금까지는 저에게 물어서 그대로 옮겨 적었는데"라는 이야기도 들려왔습니다.

이제까지는 준비를 철저하게 해서 수업 진행을 하더라도 일 년에 수회 정도밖에는 어린이들의 수업 이해가 쑥 올라가는 수업이 없었습니다. 그런데 함께 배움 수업을 실천하면서는 하루에 여러 번 이런 일이 일어나는 것이 드문 일이 아니었습니다. 그것도 수업 중에 자유롭게 옮겨 다니기 때문에, 교실의 여러 곳에서 동시에 일어났습니다. 어린이들의 이런 모습을 보고, 과장 없이 정말로 감동해서 눈물을 흘리기도 했습니다. 아이들한테 "선생님, 또 우시려는 거죠"라고 지적받을 정도였습니다.

병이 있는 아이의 친구관계가 넓어졌다!

친구가 어려워하는 것을 보면, 될 수 있을 때까지, 쉬는 시간이나 방과 후까지 열심히 서로 배우는 모습을 볼 수 있었습니다. 이런 일이 남녀 관계없이, 평소에 특별히 사이좋게 지내지 않았던 아이들 사이에서도 일어납니다. 친하니까 함께 배우자는 것이 아니라 함께 배움을 계기로 친해지는 것을 알게 되었습니다.

그다음 해에 맡았던 아이 이야기입니다. 생명에 관계된 병에 걸려 내일이라도 학교에 올 수 없는 아이가 있었습니다. 밖에서 놀 수 없었기 때문에 아무래도 쉬는 시간에 친구들과 어울리는 시간이 적을 수밖에 없었습니다. 학습 의욕도 적고, 이해가 불충분한 곳이 눈에 띄어서 안 그래도 짧은 쉬는 시간에 제가 보충 공부를 해 주었기 때문이기도 합니다. 이런 큰 문제를 안고 있는 아이의 삶에서 학습 시간을 확보하는 것이 정말로 좋은 일인가라는 고민을 했습니다. 그러나 함께 배움 수업 중에는 친구들과 자주 함께 어울렸습니다. 이런 계기로 친구관계가 훨씬 넓어져, 즐겁게 학교생활을 보낼 수 있게 되었습니다.

공부와 친구 만들기, 두 가지를 동시에 가능하게 해 주는 것은 이런 큰 과제를 안고 있는 아이에게는 정말로 큰 도움이 된다고 마음속 깊이 생각했습니다.

성적이 좋은 학생에게도 의미 있는 함께 배움

함께 배움은 학습 이해가 느린 학생에게만 좋은 것이 아님을 느끼게 한 사건이 있었습니다.

A군은 자주 어려운 어휘를 사용하여 자신의 해법을 설명했습니다. 모두 그 설명을 듣고 "와, 대단해!" 하고 감탄했습니다. 하지만 저는 함께 배움 수업에서 모두가 이해하기 위해서는 그렇게 하면 안 된다고 생각했습니다. 그래서 "그런데 지금 설명한 것 이해한 사람?" 하고 묻자, 손을 든 사람은 40명 중 겨우 4명. A군은 충격을 받았는지 눈물마저 지었습니다. '수준 높은 설명'이 '이해하기 쉬운 설명'이 되지 않을 수 있다는 것을 배웠겠지요.

그런데 이것이 A군에만 해당되는 게 아니라 교사인 나 자신의 지금까지의 모습이 아닐까라는 생각이 들었습니다. 잘 설명했다고 생각했지만 사실은 학생들에게는 전혀 이해가 되지 않는 그런. 이런 구멍을 함께 배움 수업이 잘 메꾸어 줄 수 있다고 생각했습니다. 때문에 다양한 사고방식이나 이해 정도가 다른 친구들, 즉 학급 구성원 모두가 소중한 것이라는 말이 단지 미사여구가 아님을 절감했습니다.

그런데 A군한테 본받아야 할 점은 그 후에 일어난 일 때문입니다. A군은 제대로 이해할 수 있도록 설명하기 위해 사전을 보고, 도구나 그림을 사용하고, 다른 친구들과도 의논했습니다. 점심시간이 돼서도 그만두지 않았습니다.

수일 후, 'B군은 잘 이해했을까'라며, 시험 직전까지 설명해 준 친구를 자기 일처럼 걱정하는 모습을 대견스럽게 쳐다보았습니다.

친구관계가 깊어진다

저는 함께 배움을 도입하기 전까지는, 어린이들을 '별로 의견을 말하지 않고, 감정이나 생각을 표현하지 않는다'고 평가해 왔습니다.

그런데 자리에서 일어나 돌아다니는 것을 포함하여 서로 이야기하는 것을 자유롭게 하도록 맡기자, 한 아이가 "누군가 행복해지면, 다른 누군가는 불행해지는 것은 아닌가? 모두가 행복해지는 방법은 없는가?"라는 질문을 했습니다. 그러자 학급의 모든 아이들이 이 문제에 대해서 교실 이곳저곳에서 진지하게 서로 의논을 하기 시작했습니다. 순식간에 다양한 의견이 칠판에 가득 채워졌습니다.

또 C군이 "진짜 친구는 없다……. 나는 왕따를 당하고 있다"라고 호소했던 적이 있습니다.

저는 이것을 오히려 '집단에의 믿음'이 싹튼 증거로 보았습니다. 지금까지는 깊은 관계 형성이 없이 표면적으로만 지내고 있던 것에서 한 걸음 앞으로 나간 것이라는 생각이 들었기 때문입니다.

저는 이 문제의 해결을 전적으로 아이들에게 맡겼습니다. 그러자 주위의 친구들이 C군에게 '너도 다른 친구를 따돌림을 한 적이 있다'고 지적했습니다. C군은 처음에는 쇼크를 받아서 눈물을 흘렸지만, 스스로 반성하고 마음의 응어리를 풀었습니다.

어린이들의 진지한 대화

함께 배움을 도입하여 어느 정도 지나고 나서, 함께 배움에 대해 어떻게 생각하는지 말하도록 했습니다. 좋다고 지지하는 의견이 많이 나왔는데, "내 과제가 끝나지 않았는데, 자꾸 도와 달라고 하니 곤란해.", "열심히 설명했는데 설명이 안 됐다 또는 설명이 틀렸다고 비난받았다.", "가르쳐 주었더니, '알았어. 이제 됐어. 바이 바이'라는 대접을 받았다.", "모르는 것 있니?라고 물으러 갔더니 '알고 있으니까 오지 마'라는 반응을 보였다." 등등의 의견도 있었습니다.

이것은 몇몇 아동들 사이에서 나온 이야기지만 그대로 둘 수 없었습니다. 아이들도 이야기하고 싶어 해서 계속해서 의논하게 했습니다. 마침 함께 배움의 수준을 올리고 싶었고, 아이들의 함께 배움을 되돌아보는 시간을 갖고 싶었기 때문에 좋은 기회라고 생각했습니다.

이야기를 나누는 동안에 눈물을 흘리며 "이제 함께 배움은 그만하고 싶어"라고 말하는 아이가 있었습니다.

이것에 대해서 '함께 배움을 그만두는 것을 절대로 반대한다. 이제 겨우 알게 된 공부는 어떻게 하나요? 남녀가 사이좋게 되었는데, 함께 배움을 그만두지 말아 주세요'라며 눈물을 흘리는 아이도 있었습니다.

대화가 막다른 골목에 이르렀습니다. 어떻게 해서라도 최후까지 어린이들만의 대화로 해결하도록 두고 싶었지만, 아무래도 더 이상은 시간적 여유가 없어서 제가 새로운 관점을 제시했습니다. "그것은 함께 배움 자체의 문제라기보다는, 그런 태도를 보이는 사람이 주의해야 할 매너의 문제가 아닐까요? 즉, 함께 배움을 계속하느냐 마느냐와는 관계없이 고쳐 나가야 할 문제가 아닐까요?"

자신들의 의견을 모두 제시한 다음이라서 그런지 저의 말은 쉽게 받아들여졌습니다. 결국 함께 배움은 계속하게 되었고, 그 후 이런 문제들은 개선되었습니다. 한 번 서로 의논했던 문제라서 더 의식했기 때문일 것입니다.

학습 진행 방법에 대해서 눈물을 흘리면서까지 진지하게 대화하는 것은 저의 학급 경영에서는 생각도 할 수 없었던 일입니다. 주체적으로 학습하는 태도가 형성되었다는 것을 알 수 있었습니다.

대화 도중에 저와 어린이들이 모두 함께 웃었던 일이 있었습니다. 대화가 막혀 버리자 제가 "자유롭게 옮겨 다니며 이야기해 보는 것은 어떤가요?"라고 했더니 함께 배움을 그만두자는 측의 아이도 그것에 찬성한 것입니다. "뭐야, 역시 함께 배움 좋지!"라며 여러 명이 말했습니다. 반대하던 친구들의 의견을 들어 보더라도 함께 배움의 효과를 충분히 인정하여 더 이상의 반대는 없다고 합니다.

어린이들의 힘을 믿고 맡기면 어린이들은 이렇게 의욕적이 된다는 것을 알게 되었습니다.

함께 배움은 사고방식·삶의 방식

함께 배움의 효과로 생각되는 것이 수업 외의 장면에서도 나타났습니다.

학급 내에서는 평소 친분과는 관계없이 필요한 때에는 자연스럽게 도와주게 되었습니다. 무언가 결정할 때 양보하지 않고 계속 고집을 부렸던 친구들이었는데, 바로 기분 좋게 서로 절충점을 찾게 되었습니다. 또 모두에게 도움이 된다면 어떤 활동이라도 좋다고 하면서 학급 내에 '모임'을 만들어 의욕적으로 활동을 시작했습니다.

집에서 부모님과의 관계에 변화가 있었다는 이야기를 들었습니다.

우리 아이가, 거의 화를 내지 않게 되었어요. 제가 뭐라고 하면 "시끄러워!"라고 했었는데. 학교에서 억울한 일이 있어도 말도 못하고 참아 왔는데 최근에는 친구들과 서로 말로 풀어 버려서 억울한 일을 마음에 담아 두지 않기 때문에, 안절부절못하는 면이 없어졌기 때문이겠지요.

물론 함께 배움뿐만 아니라 여러 가지 요소가 복합되어 일어난 것이겠지요. 하지만 그중에서도 함께 배움이 가장 큰 요인이었다고 생각합니다.

03 어른보다 어린이의 설명이 더 좋다!

어린이들끼리의 함께 배움이 왜 효과가 높은가?

함께 배움에 대해서, '정말로 어린이들끼리 서로 가르치고, 배우는 것으로 제대로 학습이 가능할까?'라고 의문스럽게 생각하는 사람도 있을 겁니다.

그러나 사실입니다. 실천하고 있는 어떤 학급에서라도 함께 배움을 시작하고부터 압도적으로 성적이 향상되었습니다. 왜 그럴까요? 보통, 전문가의 이야기를 들었을 때 무슨 이야기인지 종잡을 수 없었던 경험은 누구나 있었을 것입니다. 전문가는 자신의 전문 분야에 대해 보다 많이, 보다 깊이 알고 있습니다. 보다 많이 보다 깊게 알고 있기 때문에 가르치는 것은 서툽니다. 인지심리학의 연구에 의하면 숙달될수록 자기는 간단히 해결할 수 있는 과제를 풀지 못하는 다른 사람의 기분이나 이유를 이해하기 어렵게 된다고 합니다. 이것은 교사와 성적이 하위인 학생의 관계에도 해당됩니다.

한편, 어린이들끼리는 서로 어떻게 설명하면 잘 이해하는지 어른보다도 더 잘 알고 있습니다. 선생님의 설명은 이해할 수 없었던 아이가 주변 아이의 한마디 말에 "알았다!"고 외치는 장면을 본 적이 있지 않습니까?

여기서 실험을 해 봅시다. '수도首都'라는 말을 초등학생이 이해할 수 있도록 설명해 주세요. 어떻습니까? 중고등학교 사회과 선생님한테 요구하면 "그 나라의 정치·경제의 중심"이라고 대답합니다. 그런데 '정치'는 무엇일까요? '경제'를 초등학생에게 설명할 수 있겠습니까? 가장 어려운 것은 '중심'입니다. 그것은 물리적 위치의 중심이 아닌 시스템상의 중심이라는 의미입니다. 이것을 설명하는 것은 어렵습니다.

제가 알고 있는 한, 이 질문에 대한 최선의 답을 낸 것은 초등학교 1학년 때의 제 아들입니다. 저희 집 목욕탕에는 세계지도가 걸려 있고, 각국의 수도는 빨간색으로 표기되어 있었습니다. 같이 목욕을 하다가 아들에게 "수도라는 것은 무엇일까?"라고 물었더니, 아들은 "그 나라의 큰일을 서로 이야기하는 곳이야"라고 바로 대답했습니다. 엎어질 정도로 깜짝 놀랐습니다. 물론, 아들의 대답이 완전한 것은 아닙니다. 그러나 초등학생에게 수도를 그 나라의 정치·경제의 중심이라고 설명하는 것보다는 더 좋다고 생각합니다.

어린이한테 하는 설명은 어른보다 어린이가 더 우수하다

가전제품 대리점에 가면 게임기가 있는데, 그 앞에는 어린이들이 몰려 있습니다. 게임기가 집에 없었던 아들(당시, 유치원생)은 순서를 기다리는 줄에 서서, 게임을 하는 아이들의 모습을 보고 있었습니다. 그리고 자기 순서가 되자 예상대로 멋대로 버튼을 눌렀습니다. 그러자 뒤에 있던 초등학교 고학년생이 뭐라고 조작 방법을 알려 주었습니다. 저는 '뭐 괜찮겠지' 생각하고, 가게 안을 둘러보았습니다. 잠시 후, 게임기로 돌아와 보니 아들이 게임기를 제대로 조작하고 있는 것입니다. 깜짝 놀랐습니다. 저는 매뉴얼이나 공략 책을 읽어야 겨우 할 수 있었던 것입니다. 아마도 초등학교 고학년 학생의 설명이 체계적이지는 않았겠지만 적절했던 것은 확실합니다.

학급에는 교사가 지도하기 어려운 학생이 있습니다. 그러나 그 아이가 어떤 부분을 모르는지 알고 설명해 줄 수 있는 친구들이 학급에는 있을 겁니다. 어린이들의 능력이 같지 않고 다양한 것은 고민거리가 아닌 보물입니다. 그리고 우리 사회 역시 다양한 능력의 사람들로 구성되어 있습니다. 사회에서 살아갈 수 있는 소통 능력을 학교에서 기르지 않으면 안 됩니다. 언제 기릅니까? 바로 '지금'입니다. 그리고 학교 교육 기간 중 '내내'입니다.

04 어린이의 조언은 대단하다!

교사보다 정확한 시기에, 정확한 조언이 가능한 어린이들

함께 배움을 실천하고 있는 학급에서 일어난 사례입니다. 초등학교 5학년인 A군은 저학년 때 외웠어야 할 구구단이 아직도 완전하지 못합니다. 특히 7단을 외우지 못했습니다. 이 때문에 5학년 문제에서 틀리는 것이 많습니다. 그런데 작년에도 같은 반이었던 B는, A가 7단은 외우지 못하지만 4단은 외우고 있는 것을 기억했습니다. 그래서 7×4를 4×7로 바꾸어서 해 보라고 조언을 합니다.

A 잘 모르겠어.

B 어? 어디가?

A 7×4, 7×4가 얼마인지.

B 7단 아직 안 외우고 있었지. 거꾸로 해 봐. 4단으로 하면 돼.

A 어, 그런가. 알았다! 간단하네.

B A야, 구구단 외우는 게 좋겠지?

A 응, 그래. 고마워!

재미있는 것은 B군이 자연스럽게 "A야, 구구단 외우는 게 좋겠지?"라고 조언하는 부분입니다. 처음에는 "잘 모르겠어"라며 화를 냈던 A군이 "응, 그래. 고마워!"라고 순수하게 응하고 있는 점입니다.

일본의 5학년 담임 중에 학급 학생들의 구구단 습득 상황을 B군처럼 상세하게 알고 있는 사람이 얼마나 될까요. 4학년 때 가르치지 않고 5학년부터 담임이 된 경우 아마도 거의 파악하지 못했겠지요. 그러나 어린이들 중에는 그것을 기억하는 친구가 있습니다. 그리고 어린이들은 그런 친구들에게 물으러 갑니다. B군 수준으로 학급의 모든 학생들의 학습 상황을 모두 기억할 자신이 있으신지요? 그렇지 않다면, B군과 같은 학생이 많이 있는 학급으로 만드는 것이 더 현실적이지 않겠습니까?

어린이들은 우수한 교사가 될 수 있다

저는 많은 학급에서 함께 배움 수업을 관찰했습니다. 그럴 때마다 어린이들이 상당히 우수한 교사인 것을 빈번하게 재확인했습니다. 한 학급에서 B가 A에게 문제 해결 방법을 알려 주고 있었습니다. A가 어느 정도 이해했을 때, 다른 아이 C가 B에게 가르쳐 달라고 왔습니다. 그때 "A야, C에게 가르쳐 봐"라고 말했습니다. 그리고 A가 C에게 설명하는 것을 가만히 듣고 있었습니다. B가 C에게 가르치는 것과 A가 정말로 제대로 알고 있는 것을 동시에 체크하는 것입니다. 제가 옆에서 지켜보면서 "야!" 하고 감탄했습니다.

교사의 지도는 우수할 것입니다. 하지만 교사만으로는 학급 전원을 구할 수 없습니다. 한 차시를 학급 학생 수로 나누면 학생당 1분 정도입니다. 이 1분으로 학생 각각에게 적합한 개별 지도가 가능하겠습니까?

무리입니다.

　그것보다는 어린이들의 지도력을 활용한다면, 학급 학생 모두가 정확한 개별 지원을 받을 수 있는 가능성이 더 높아질 것입니다. 나아가 어린이들의 조언이 더 이해하기 쉬운 경우도 있습니다.

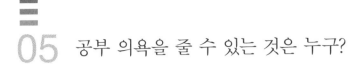

05 공부 의욕을 줄 수 있는 것은 누구?

배울 필요가 있으면 사람은 배운다

함께 배움을 실천하고 있는 선생님들 중 많은 분들이 "소극적이었던 아이들이 능동적으로 학습하게 되었다"라고 어린이들의 급격한 변화에 놀랍니다.

어린이들은 교사가 공부하라고 말하더라도 공부하지 않습니다. 대부분의 성인들도 승신이나 인간관계상 필요한 경우가 아니면 다른 사람이 권하더라도 영어회화를 배우지 않겠지요. 배울 필요가 있으면 사람은 누구나 배웁니다.

앞에서 예로 들었던 구구단을 못 외웠던 A군의 수학 성적은 비참했습니다. 수업 방해는 하지 않지만, 수업에 전혀 참여할 수 없고, 마음은 '우주'를 떠돌고 있었습니다. 이런 상황이 1학년부터 4학년까지 계속되었습니다. 5학년이 되어 함께 배움을 시작했습니다. 주위 친구들이 열심히 A를 가르쳤습니다. 하지만 구구단을 모르기 때문에 A는 진척이 없었습니다. 그래도 주위 친구들은 A를 책망하지 않고 "힘내야지"라고 응원했습니다. 어느 날 B가 "A야, 구구단 외우는 게 좋겠지?"라고 말했던 것입니다. 1주일 후, A는 구구단을 외웠습니다. 그 결과 A의 성적은 눈에 띄게 올라갔습니다.

4학년까지의 담임은 A가 지적장애가 있다고 생각했습니다. 왜냐하면 4학년이 되어도 구구단도 못 외웠기 때문이지요. A 자신도 수학은 포기했었습니다. 물론 A도 공부하면 좋다는 것은 알고 있었습니다. 하지만 수학은 하더라도 무리라고 생각해서 4학년이 되어도 구구단을 못 외웠던 것입니다.

성적으로 나타나지 않더라도, 매일 대화하는 학급 친구들은 그 변화를 알아차렸습니다. 구구단을 전혀 모르기 때문에 '2 1은 2, 2 2는 4'라고 2개만 외워도 진심으로 기뻐해 주었습니다. 사실은 지적장애가 없었던 A는 그 덕분으로 1주일 만에 구구단을 외웠습니다. A에게 필요했던 것은 지적 능력이 아닌 외워야 할 필요성이고, 그것을 이끌어 낸 것은 어린이였던 것입니다.

어린이가 재미있어하는 것은 자신들 속에서 발생된 유행

초등학교 3학년 때, 저는 수업 시간 내내 수업을 듣지 않고 지우개로 책상을 밀고 있었습니다. 그리고 그 지우개 똥을 둥글게 말아 구슬을 만들었습니다. 쉬는 시간에 친구들끼리 누가 더 큰지 내기를 했기 때문입니다.

학창 시절을 회상해 보시기 바랍니다. 무언가 갑자기 붐이 일어나서 친구들이 모였던 경험이 있겠지요. 먹을 수 있는 장난감의 경우 그것을 땅바닥에 떨어뜨려 주워 모으는 게임을 한 적도 있습니다. 게임이 끝난 다음, 가만히 생각해 보면, 왜 이런 것에 큰 것을 걸었는지 정말로 바보 같다는 생각이 듭니다.

학교에서 교사들이 가르치고 있는 것, 그리고 학생들이 배우고 있는 것은, 인류가 수백 년(때로는 수천 년)의 역사 속에서 축적해 온 것입니다. 그 긴 역사 속에서 소중한 것, 아름다운 것이라고 생각해서 버리지 않았던 것입니다. 물론 모든 사람들이 물리학을 좋아할 수는 없습니다. 모든 사람이 마쿠라노 소시枕草子의 원문(일본 고대의 수필)의 리듬에서 아름다움을 발견할 수도 없습니다. 그러나 지우개 똥보다는 가치가 있는 것은 분명합니다. 어린이들의 관계를 활용한다면 공부를 그들의 유행이 되도록 하는 것은 가능할 것입니다.

06 잡담보다 공부가 더 재미있다

일(공부)이야말로 사람을 연결해 준다

함께 배움을 시작하면, 쉬는 시간에 혼자 있던 아이가 공부 시간에도 혼자 있는 것은 아닐까라고 염려하는 선생님이 많습니다. 그러나 실제로 함께 배움을 시작해서 수개월이 지나면, 혼자 있던 아이도 다른 친구와 어울리기 시작하는 등 학급의 인간관계에서 오는 문제가 급감하여, 교우관계가 좋아집니다. 왜 그럴까요?

사실은, 별로 잘 알지 못하는 사람 또는 어울리기 힘든 사람과 어울리게 된 계기는 '일'이 가장 많습니다. 그리고 힘든 일을 같이 달성하는 것이 친해지는 계기가 됩니다. 친해지지는 않더라도 서로 타협하는 계기는 될 수 있을 것입니다.

어린이들에게 일은 국어, 사회, 수학, 과학, 영어, 음악, 미술, 체육, 기술, 가정 등의 교과 학습입니다. 함께 배움에서는 이런 교과와 관련된 과제를 부여합니다. 처음에는 자연스럽게 친한 사람들끼리 집단을 만듭니다. 하지만 친한 사람끼리만 공부해서는 전원 달성이 불가능합니다. 일상생활에서는 서로 '죽'이 잘 맞지만 '가르치고 배우는' 관계에서는 서로 잘 맞지 않을 수도 있습니다. 그래서 여러 가지 '드라마'가 생깁니다.

성적은 좋지만 인간관계 만들기가 서툰 학생이 있습니다. 주어진 과제를 가장 먼저 해결한 사람이 이 학생이라면, 교사가 자연스럽게 "○○는 해결했네"라고 말하면, 순식간에 그 학생 주위로 몰려와서 "가르쳐 줘"라고 부탁합니다. 마치 영웅처럼 됩니다. 그리고 그 친구가 정말 잘 가르치면 따라다니는 친구가 생깁니다.

학급에 대립하는 여자아이 2명이 있다고 합시다. 서로 견제하고 있습니다. 그런데 다른 아이가 아무리 해도 잘 모르는 것을 그 여자아이 2명이 공동으로 가르치는 경우가 생깁니다. 친해진다고는 말하기 어렵지만 서로 타협하는 계기가 될 수 있습니다.

지금까지는 성적이 안 좋아서, 속으로 바보 취급했던 친구를 가르친다고 생각해 봅시다. 그 아이의 질문이 내가 잘 모르는 부분을 정확하게 맞힌다면 아마 깜짝 놀라겠지요. 학원 등에서 미리 배웠던 틀에 박힌 방법을 넘어서는 계기가 될 것입니다. 그리고 이 친구하고 서로 이야기하는 것이 자신에게도 득이 된다고 생각하는 계기가 됩니다.

인간관계는 매일 쌓아 올리는 것

교무실에서의 자신을 떠올려 보세요. 다양한 인간관계가 깨지는 계기는 매일 일어납니다. 한 번 수립되었다고 해서 인간관계가 깨지지 않는 것은 아닙니다. 날마다 일어나는 일에 날마다 대응하고, 항상 유지하지 않으면 안 됩니다. 그것을 소홀히 하면 좋았던 관계도 깨져 버립니다. 단 한마디 말 때문에 어떤 사람과 소원해진 경우도 있습니다. 그 장소에서 미안하다고 사과하든지, "아, 말실수였네, 사실은……"이라고 해명하면 되는데, 바로 해결하지 않으면 다음 날에는 말 걸기가 어려워집니다.

점점 더 '문턱'이 높아지고 나아가 그 사람에 대한 불신감·혐오감이 깊어져, 결국에는 돌이킬 수 없는 관계가 되어 버리는 경우도 있습니다.

그런데 미안하다고 사과하지 못하던 어린이도 '가르쳐 줘' 또는 '모르는 것 있어?'라는 말은 할 수 있습니다. 함께 배움에서는 그 계기를 매일의 공부 시간에 제공해 줍니다.

정말로 어린이들만으로 괜찮은가?

'교사가 가르치지 않으면 모르는가?'는 사실인가?

"어린이들끼리 배우게 하더라도 새로운 단원에 필요한 지식을 알고 있는 어린이가 없다면 결국 모든 어린이들이 배우지 못하기 때문에, 교사가 가르쳐야만 하지 않는가?"라는 질문을 자주 받습니다.

실제로 어린이들은 수업 중 교사의 말만으로 배우고 있는 것일까요? 사실 현장의 선생님들도, 가르치기 전에 이미 내용을 어느 정도 알고 있는 학생들이 2할 정도는 된다고 알고 있습니다. 또 눈앞에 교과서가 있고, 교과서에는 가르칠 것이 모두 쓰여 있지요.

여러분 학급 학생들의 얼굴을 차례로 떠올려 보세요. 학원이나 과외를 받고 있는 학생들이 있지요. 학원이나 과외 외에도 교육방송이 있습니다. 방송교육을 하는 대기업은 초등학교 1학년생의 삼분의 일이 이용한다고 선전합니다. 그리고 학부모도 고학력자가 많고, 집에서 학부모가 공부를 시키는 경우도 있을 것입니다.

학급에는 다양한 학생들이 있습니다. 상위권 학생들을 기준으로 수업을 진행하면 대부분의 학생은 학습 내용을 이해하기 어려워합니다. 반대로 하위권 학생들을 기준으로 수업을 진행하면 대부분의 학생들은 지루해합니다. 그래서 보통의 수업은 중위권(혹은 중하)을 중심으로 진행하지요. 그 정도라면 학급에 있는 2할 정도의 학생들이라도 가르칠 수 있는 부분이 많지 않겠습니까? 2할 정도의 학생들이 열심히 해 준다면, 한 학급에 교사가 5, 6명 있는 학급이 되는 셈이지요.

믿음직한 어린이들

성적은 우수하지만 자기만 잘하면 된다고 생각하는 아이가 있었습니다. 그런데 함께 배움에 의해 점점 변해 갔습니다. 이전에도 공부하는 아이였지만, 매일 밤늦게까지 공부를 했습니다. 걱정이 된 어머니가 "너는 100점만 받아 오니까 그렇게 공부하지 않아도 괜찮아. 빨리 자렴"이라고 말했습니다. 그러자 어머니의 눈을 보면서 "저는 제 성적을 위해 공부하는 것이 아니에요. 우리 반에 산수를 못하는 ○○가 있는데, 내일 그 친구가 못하는 부분을 어떻게 가르치면 될까 예습 중이에요"라고 말했다고 합니다. 정말 믿음직스럽지 않나요? 저는 이 이야기를 듣고 그런 동료가 있다면 얼마나 믿음직스러울까 부러워했습니다.

함께 배움에서 당신은 학급이라는 '학교'의 '교장'입니다. 학급의 학생이 30명이라면 당신이 부임한 '학교'에는 믿음직스러운 교원이 2할이나 있는 것입니다. 그 직원 집단이 24명의 학생들을 지도합니다. 꽤 좋은 학교지요. 그리고 함께 배움이 성숙해지면 당신의 학교는 열의 있는 30명의 직원을 갖게 될 것입니다. 혹시, 당신이 보기에 미숙한 교원이 있을지도 모르겠습니다. 하지만 교원 전체가 서로 지원해 주는 팀입니다. 당신이 교장이라면 맡겨 보고 싶다는 생각이 들지 않을까요? 최고 학교의 교장이 되려고 하는 순간입니다. 흥분되지 않습니까?

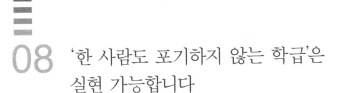

08 '한 사람도 포기하지 않는 학급'은
실현 가능합니다

마음속으로는 알고 있었습니다

지금 자기 학급에 대해 '나는 한 사람의 학생도 포기하지 않고, 모든 어린이가 공부를 이해하고, 좋은 인간관계를 맺고 있다'고 자신 있게 말할 수 있는 사람이 얼마나 될까요?

제가 처음 근무한 학교는 '삼류' 학교였습니다. 그 학교에서 많은 사람이 싫어하는 물리를 가르쳤습니다. 젊었던 저는 가르치기 위해 모든 방법을 동원하여 전력투구했습니다. 그 결과 폭주족이 우글거리던 학급에서도 수업을 진행할 수 있었습니다.

그런데 모든 학생들을 이해시킨 것처럼 보였지만, 그렇지 않다는 것을 알고 있었습니다. 제 눈앞에 있을 때에는 즐거운 시간을 보내지만, 일단 학교 밖으로 나가면 이들은 힘든 현실과 부딪혀야 함도 알고 있었습니다. 저는 이제 더 이상 어떻게 해야 좋을지 몰랐습니다.

독신이었던 당시의 저는 일어나 있는 시간 거의 전부를 학교에서 교재 준비를 하며 보냈습니다. 그리고 잠자기 전에 날마다 술을 한 되나 마셨습니다. 그리고 '이렇게까지 하고 있다', '이것 이상은 불가능하다', '더 이상 어쩔 수 없다'고 생각했습니다. 그렇게 하지 않으면 더 이상 교사 생활을 유지할 수 없었기 때문입니다.

함께 배움이라면 '한 사람도 포기하지 않는' 학급을 만들 수 있다

지금 저는 알고 있습니다. 그리고 지금 이 글을 읽고 계신 분은 알아줄 것이라고 생각합니다. 전원이 알기 위해 필요한 것은 멋진 화술도 아니고 교재도 아닌, '모르니까 가르쳐 줘'라는 말입니다.

모두가 기분 좋게 지내기 위해 필요한 것은 특별한 연습이 아닙니다. 그것은 '모르니까 가르쳐 줘'라는 말에 '알았어'라는 한마디 말입니다. '모르는 사람 없니?'라는 말에 '고마워, 가르쳐 줘'라는 한마디 말입니다. 그렇게 하나하나 신뢰를 쌓아 나가는 중에 자신은 버려지지 않을 것이라는 안도감이 생깁니다.

교사가 어린이들에게 줄 수 있는 최대의 선물은 졸업 후에도 한 사람도 포기하지 않는 집단을, 한 사람도 남김없이 전원에게 주는 것입니다.

함께 배움은 교사에게 여유를 만들어 준다

보통의 수업에서 교사는 '다음 발문', '다음 제재'를 계속해서 생각하지 않으면 안 됩니다. 예상대로 잘 진행되면 좋지만, 그렇지 않은 경우 수업의 장면마다 발문과 제재를 생각해야 합니다. 그것뿐만 아니라 학급에는 다양한 문제가 발생하고, 그 대응책으로 마음이 바쁩니다.

함께 배움을 하고 있는 학급이라면, 교사는 학생의 문제 행동의 '뒷설거지'를 하지 않습니다. 학생들끼리 서로 돕도록 학급 전원이 한 사람도 포기하지 않고, 전원이 과제를 달성하도록 학급이라는 조직을 경영하는 것에만 집중하면 됩니다.

09 지금 당신 학급의 상태는?

자, 함께 배움을 시작합시다! 그 전에⋯⋯

함께 배움을 시작하면, 학급은 확실하게 변합니다. 당신이 '이런 학급이 되면 좋겠구나'라고 생각하는 방향으로 움직입니다.

여기까지 읽고, '해 볼까'라고 생각하신다면, 먼저 학급의 현재 상태를 파악합시다. 우리 학급의 '맨얼굴'을 알아보려면, 쉬는 시간에 어린이들의 모습을 여러 차례 관찰합니다. 관찰 포인트는 아래와 같습니다.

첫째, 어린이들이 놀고 있는 집단의 크기입니다. 비교적 큰 집단을 형성하고 있는지, 아니면 특정의 2명만으로 놀고 있는지를 살핍니다.

둘째, 유동성입니다. 비교적 큰 집단이라도 그 집단이 고정적인지 아니면 유동적인지를 살핍니다.

셋째, 홀로 있는 아이입니다. 도서실에서 언제나 혼자 있는 아이는 없습니까? 책이라면 교실에서도 읽을 수 있는데도 말입니다. 이 아이는 교실에 있는 것이 고통스러운 것입니다. 그리고 교무실까지 찾아와서 선생님께 이야기를 하려는 아이는 없습니까? 아이는 아이들끼리 어울립니다. 성인인 선생님을 찾는다면 다른 어린이들과는 잘 어울리지 못하는 것입니다.

개선할 점이 많이 발견될 것입니다. 함께 배움을 시작하면 쉬는 시간이 아닌 공부 시간에 그런 것이 잘 보일 것입니다. 잘 보이기 때문에 한 사람도 포기하지 않는다는 말을 진정으로 할 수 있는 것입니다. 그 진정한 마음에 학급은 점점 변해 갑니다.

괜찮아요, 모두가 함께합니다

혹시 당신이 '모두가 한 사람도 포기하지 말고 공부하자'고 학생들에게 말한다면 어떻게 반응할까요? 크게 세 가지로 분류할 수 있습니다.

- 믿는 아이: 이 아이는 선생님이 말하는 것은 옳다고 '믿는 아이입니다.
- 어떻게 되어도 상관없다는 아이: 이 아이는 특별히 반대는 하지 않지만, 교사가 말하는 것을 적극적으로는 하지 않습니다. 상황을 살피고 대강은 하지만 그 이상은 하지 않습니다.
- 반대하는 아이: 이 아이는 노골적으로 싫은 얼굴을 하는 아이입니다. 때로는 "귀찮게~"라고 말할 때도 있습니다. 성적이 우수한 학생 중에도 있고, '어째서 내가 다른 사람 공부를 도와줘야 하지'라고 생각합니다.

학급 학생들 얼굴을 한 사람씩 떠올리며 분류해 보세요. 대강 2:6:2의 비율이 될 것입니다. 학급 운영이 잘되는 반이라면, 알아주는 아이가 약 3할은 있을 것입니다.

그런데 어떻게 되어도 상관없다는 아이는 알아주는 아이와 반대하는 아이 중에서 어느 쪽으로 붙을까요? 과제를 전원 달성해야 하기 때문에 자신도 그 속에 포함된다고 생각해서 알아주는 아이 편이 됩니다. 즉, 정도의 차이는 있지만 학급에서 8할의 학생들이 한 사람도 포기하지 않는 공부에 참가하게 됩니다.

혹시, 여러분이 대다수의 어린이들을 자리에 조용히 앉게 하고 판서한 것을 노트에 옮겨 적게 할 에너지가 있으면 괜찮습니다. 그런데 혈기왕성한 어린이들에게 '자리에 앉으세요. 조용히 하세요. 필기하세요'라고 일일이 시키는 것과 '모두 한 사람도 포기하지 않게 공부합시다'라고 하는 것 중 무엇이 더 어렵겠습니까? 여러분 뒤에는 8할의 학생들이 있습니다. 그 친구들이 선생님 말을 안 듣는 2할의 학생들을 설득할 것입니다.

10 함께 배움 수업을 살펴봅시다

함께 배움 수업의 구체적인 모습을 알고 싶은 여러분에게 여기서 사진으로 함께 배움 수업의 기본형을 소개합니다. '어?' 하고 놀랄 정도로 단순해서 '이 정도로 해서 제대로 될까?'라는 생각이 들 것입니다. 하지만 간단한 만큼 대단한 효과가 있습니다.

1. 과제를 제시한다

시작종이 울리고, 교사가 교실에 들어옵니다. 출석 확인을 한 후, 교사는 그날의 과제를 학생들에게 알려 줍니다. 수학의 경우 "교과서 ~페이지부터 ~페이지까지의 문제를 전원이 풀 수 있도록 한다"라고 과제를 칠판에 씁니다.

그리고 교사가 "자, 시작하세요"라고 말하면 학생들은 자유롭게 그룹을 만듭니다.

2. 그룹이 형성된다

처음에는 1~8명의 다양한 크
기의 그룹이 형성되지만, 잠시
지나면 4~5명이 모인 그룹이 기
본형이 될 것입니다. 사람 수가
적으면 과제가 바로 해결되기
어렵고, 너무 많으면 효율성이
떨어지기 때문에 그룹의 크기를 학생들이 자연스럽게 알아차립니다.

3. 그룹을 초월한 움직임이 생긴다!

10분 정도 지나면 최초의 그
룹을 벗어난 역동적인 교류가
생깁니다. 딘, 노트에 공부한 내
용을 정리하는 작업이 많은 사
회나 과학의 경우 수학에 비해
서 앉아 있는 시간이 길어질 것
입니다. 때문에 수학 과목만 함께 배움으로 했던 교사는 사회, 과학 과
목으로 함께 배움을 처음으로 하면 '왜 움직임이 없지?' 하고 놀라는 경
우가 있지만 그것은 그 교과의 특징입니다.

또 함께 배움 체육 수업의 경우 서로 의논하는 재미를 알아서, 빨리
운동하고 싶은 학생은 길게 이어지는 작전회의에 당황할 수도 있습니다.
재미있는 점은 작전회의를 보러 왔던 학생도 그 그룹 속에 들어가 참여
하는 것입니다.

4. 교사는 '중얼거림'으로 칭찬하거나, 연결해 주는 것이 임무

교실을 돌아다니면서 학생들의 모습을 살피고, 때때로 "대단해"라고 짧게 칭찬합니다. 무엇이 대단한지 언급하지 않는 쪽이 더 효과적입니다. 왜 대단한지 말해 버리면, 교사가 대단하다고 발견한 부분만 칭찬이 되고 미처 알아차리지 못한 부분은 그냥 넘어가 버리기 때문입니다. 짧게 칭찬해서, 칭찬받은 학생은 자신의 노력을 인정받았다고 생각하도록 하는 것이 더 효과적입니다. 칭찬은 하지만 교사가 구체적으로 가르치지는 않습니다.

5. 전원 달성을 확인한다

수업 종료 약 5분 남겨 두고 학생들은 자기 자리로 돌아옵니다. 그리고 전원이 달성했는지를 확인합니다. 일반 수업에서 행해졌던 '정리'(학생을 지명해서 대답하게 하거나 배운 내용을 판서해서 확인하는 활동 등)는 기본적으로 하지 않습니다. 교사가 '정리'하기 전에 학생들이 스

스로 '정리'했기 때문입니다. 그 대신 모든 학생들이 (과제를) 달성했는지 여부를 확인합니다. 구체적인 내용은 뒤에 자세히 설명하겠지만, 미니 테스트를 하거나 이름표를 사용하여 확인합

니다.

또 "오늘 과제는 달성했습니까? 가르쳐 달라고 요구하거나, 모르는 사람에게 가르쳐 주어서 모두가 과제 달성이 가능하도록 최선을 다했습니까?"라고 질문해서 최선을 다한 사람은 손을 들라고 하는 방법을 택하기도 합니다.

이런 방법으로 교사가 학생들의 과제 달성 여부를 확인할 뿐만 아니라 학생들도 전원 달성 여부를 확인하도록 합니다. 그래서 다음 시간에는 누구에게 가르치러 가면 좋을까, 혹은 누구에게 배우러 가면 좋을까를 학생들이 알아차리게 합니다.

이와 같은 수업은 매일 반복됩니다. 이런 방법으로 성적이 향상되고, 인간관계가 개선되는 것은 학생 집단이 지닌 역동적인 힘을 최대한 활용하기 때문입니다.

'이런 수업을 시작하기 위해서는 그 전 단계로 어떤 준비가 필요할까?', '최초의 시간에 어떤 준비를 해서, 학생들에게 어떤 이야기를 하면 좋을까?', '수업 중에 교사는 무엇을 하면 좋을까?' 등등 다양한 질문이 떠오를 것입니다. 그것을 다음 장에서 설명하겠습니다.

한 사람 한 사람이 다 다르다

저는 청년이었을 때, 소위 '삼류' 고등학교에서 교사로 근무했습니다. 그 후 대학으로 옮겨, 학생들의 오답 패턴 분석을 위해 학생들 한 사람 한 사람을 철저히 분석하는 연구를 진행했습니다. 오답 패턴이 지금까지는 2~3 패턴이던 것을 5~6패턴으로 증명해서 논문으로 정리하기 위한 연구였습니다. 그런데 인터뷰를 하면 할수록 학생들 한 사람 한 사람이 모두 다른 패턴으로 나왔습니다. 정말 골치가 아팠습니다. 어떻게 해서든지 그것을 묶어서 패턴화하려 했지만, 억지로 한다면 거짓이 될 것 같았습니다. 이처럼 30명의 학생이 있다면 30가지의 다 다른 설명이 필요합니다. 한 명의 선생님이 한 입으로는 두 가지를 설명할 수 없습니다. 결국 30명의 선생님이 필요하겠지요. 이것은 무리입니다.

하지만 무리라고 생각해서 포기한다면, 마지막까지 이해하지 못하는 학생은 어쩔 수 없다고 생각되어 포기해 버리지 않을 수 없습니다. 이처럼 선생님이 가장 먼저 포기해 버린 학생들이 바로 제가 근무했던 학교의 학생들이었습니다. 저는 그것이 용납되지 않았습니다.

'인간의 이해 방법은 모두 다르다'는 한계에 정면으로 부딪힌 결과가 함께 배움입니다. '이 학생에게 최선의 제재와 지도 방법을 생각해 낼 수 있는 사람은 누구인가?'라는 질문에 대한 답입니다. 그 답은 자기 자신이고 주변의 학생들입니다. 함께 배움은 그것을 실현한 교육입니다.

저는 가르치고 있는 학생들 모두에게 오늘의 배움이 인격 완성에 어떻게 기여하는가를 이해시키고 싶었습니다. 그리고 배우고 있는 학생 모두에게 그날 배울 것을 이해시키고 싶었습니다. 그것은 함께 배움이라면 가능합니다. 그 체험을 부디 독자 여러분도 맛보시기 바랍니다.

2장

먼저
이벤트로 해 봅시다

함께 배움은 기본적인 방법을 사용하면
바로 학급에 도입할 수 있습니다.
함께 배움은 마음만 먹으면 오늘부터 시작할 수 있습니다.
단지 이런 학습 스타일은
교사에게도 학생에게도 새로운 것입니다.
어떤 교사에게는 번지 점프처럼 생각되기도 하겠지요.
갑자기 전면적으로 실시하는 것을
주저하는 것은 당연합니다.
그렇기 때문에 보다 부드럽게 도입할 수 있도록
이 장에 정리했습니다.
무리가 가지 않는 방법으로 서서히 시도해 봅시다.
자, 시작해 볼까요!

01 언제, 무엇부터 시작하면 좋을까?

언제 시작하면 좋을까?

처음 시작할 때는 언제라도 괜찮습니다. 초등학교 6학년 3월부터 시작한 사람도 있는 것 같습니다. 교과는 어떤 교과라도 좋지만, 초등학교는 수학부터 도입하면 쉽습니다. 중학교, 고등학교의 경우 진도가 잘 나가는 학년, 쉽다고 여겨지는 학년부터 시작해 봅시다.

함께 배움 수업에 가장 가까운 형태는 자습입니다. 자습과 결정적으로 다른 점은 한 사람도 포기하지 않고, 전원 달성을 추구한다는 것입니다. 때문에 이 점을 확실하게 한다면 자습이 가능한 시기가 최초의 시도로 가장 적합하다고 생각합니다. 구체적으로는 단원 테스트 직전을 권합니다.

최초로 이야기할 내용

함께 배움은 지금까지의 수업과는 매우 다릅니다. 때문에 어떤 점이 다른지를 학생들에게 이야기해야 할 필요가 있습니다.

예를 들면 다음과 같습니다.

지금부터 테스트를 대비하기 위한 자습 시간을 주겠습니다. 선생님이 예비 테스트를 만들었는데 이것을 공부해 주세요.

이 문제를 전부, 제대로 이해하면 평가에서도 우수한 점수를 획득할 것입니다. 단지, 지금은 학급 친구끼리 함께 배움이라는 방법으로 하겠습니다. 함께 배움 시간에는 선생님에게 의지하지 않고 여러분끼리 협력해서 해 주세요. 이미 학교에서 배운 내용입니다. 때문에 선생님에게 도움을 요청하지 말고 알 만한 사람에게 가서 도와 달라고 하세요. 그리고 아는 사람은 "모르는 곳은 없니?"라고 모를 것 같은 친구에게 가서 말해 주세요. 배려심이 있는 여러분이라서 가능한 것입니다.

또 한 가지, 오늘의 목표는 전원이 이 예비 테스트에서 100점을 달성하는 것입니다. 나는 끝났다고 끝내면 안 됩니다. 전원이 달성하는 것을 목표로 해 주세요. 한 사람도 포기하지 말고 모두입니다.

그리고, 시간 중에 어디든지 이동해서 이야기해도 좋습니다. 서로 가르치고 배워서 모두 달성해 주세요. 답을 교탁에 놓습니다. 각자 맞추어 보세요. 틀렸다면 스스로 생각해 보고, (그래도 모르면) 다른 사람에게 물어보아서 정확하게 이해해 주세요. 정말로 이해했다면 적극적으로 주위의 친구들을 가르쳐 주세요. 가르치면 보다 깊게 이해하게 됩니다. 반대로 모르는 친구가 가만히 앉아 있는 것은 시간 낭비입니다. 자유롭게 자리에서 일어나 알고 있는 친구에게 가서 가르쳐 달라고 하세요.

시간은 ○○시 ○○분까지입니다. 마감 시간이 다 되어 가면, 선생님이 말하지 않아도 스스로 자기 자리로 돌아가 주세요. 질문 있습니까?

자, 시작해 주세요.

이상의 설명은 한 가지 예입니다. 여러분이 자신의 말로 이야기해 주세요. 그때, '선생님에게 의존하지 않기', '이동, 상담은 자유', '전원 달성을 추구하기', '답은 앞에 있음', '마감 시간'이라는 다섯 가지는 반드시 말해 주세요.

또 이 실험적 이벤트에서 함께 배움의 핵심 생각을 학생들에게 확실하게 말할 필요는 없습니다. 지나치게 이야기 시간을 길게 갖지 말아 주세요. 그것보다는 학생들이 서로 교류하는 시간을 확보해 주세요.

02 과제와 시간 배분

어떤 과제를 제시하면 좋을까?

교사가 직접 작성한 것도 좋지만, 예비 테스트가 있는 업자가 개발한 평가문항을 사용해도 괜찮다고 생각합니다. 또는 시판 중인 문제집이나 참고서를 참고해서 작성해도 됩니다. 고교의 경우 대학입시 문제집을 참고해서 작성해 주세요.

주의할 점은 분량입니다. 반에서 문제를 풀 수 있는 학생이 15분 정도로 풀 수 있는 양으로 한정해 주세요. 교사가 그 문제를 풀어 보고 써 봐서 7~10분 정도인 것이 적당합니다. 실제로 해 보시기 바랍니다.

함께 배움에서는 학생들에게 시간을 많이 줄수록 해결하는 학생들이 배의 배로 늘어나는 게임처럼 늘어납니다. 먼저 상위권 학생들이 자신의 문제를 해결하고, 중위권을 가르치기 시작합니다. 그리고 이해한 학생이 그렇지 못한 학생을 가르치고…… 이처럼 기하급수적으로 이해하는 학생들이 늘어납니다.

문제 수가 너무 많으면 상위권 학생들이 자신의 문제를 푸는 데 시간이 많이 걸려서 모르는 학생들을 가르칠 시간이 없어집니다. 그렇게 되면 교사한테도, 친구들한테도 배우지 못하는 최악의 상태가 됩니다. 이런 상태를 피하려면 학습량에 대한 주의가 꼭 필요합니다.

문제를 해결한 상위권 학생들은 친구들을 가르칩니다. 다양한 수준의 친구의 질문에 맞추어 설명하는 것은 많은 문제를 푸는 것과 동일한, 아니 그 이상의 효과가 있습니다. 즉, 상위권이나 하위권 모두에게 적절한 학습량이 됩니다.

시간 배분에 대하여

함께 배움 수업은 시간 배분이 중요합니다. 수업 시작의 과제 제시 및 수업 마지막의 이야기 시간을 빼면, 초등학교에서는 35분 정도, 중·고등학교에서는 40분 정도는 확실히 학생들이 돌아다니면서 상담하는 시간으로 해 주세요. 과제를 잘 이해할 수 있도록 교사가 길게 설명하더라도 모르는 학생은 모릅니다. 오히려 교사의 설명은 짧게 하고, 모르는 학생이 아는 학생에게 물어볼 수 있도록(거꾸로 이야기하면 아는 학생이 모르는 학생을 가르치도록) 교실을 돌아다니며 자연스럽게 촉구합니다.

또 '정리' 시간은 갖지 않습니다. 보통의 수업에서는 몇 사람을 지명하여 배운 내용을 확인하거나, 수업 핵심을 판서해서 공책에 옮겨 적게 했을 것입니다. 하지만 그렇게 하지 말아 주세요. 몇 사람을 지명하더라도 그 사람들 몇 명밖에 확인할 수 없습니다. 이해한 학생의 발언으로 그러지 못한 학생들이 알게 하는 것보다는 일대일로 말하는 편이 더 잘 이해될 것입니다. 판서와 필기를 시키더라도 그것만으로는 이해하기 어려울 것입니다.

'정리'로 시간 낭비하는 것보다는 일대일 대화를 위해, 1분 1초라도 많이 학생들에게 시간을 주기 바랍니다. 함께 배움의 효과는 시간을 주면 줄수록 배의 배씩 늘어나는 게임처럼 상승합니다. 따라서 5분 짧게 시간을 주면 달성도가 매우 크게 저하됩니다. 거꾸로 5분 길게 하면 그 달성도는 매우 크게 향상됩니다. 조마조마하지만 우선 실험해 보세요.

'괜찮을까?'라고 생각하는 것도 당연합니다. 하지만 괜찮습니다. 불안하지만 함께 배움은 그 시간의 과제를 끝내는 것이 목적이 아니라 긴 시간을 들여서 학생 집단을 만드는 것이 목적임을 생각하면서 노력합시다.

03 과제를 한 번에 제시한다

과제의 효율적 진행을 위해서

첫 번째 과제에 15분 정도의 시간을 주고, 15분이 되면 일단 정지키시고 정리한 후, 다음 과제를 제시하는 것은 효율적이지 않습니다. 그런 경우는 과제 2개를 처음부터 제시하고, 시간도 한꺼번에 제시해 주세요.

이 방법이 효율적인 이유는 과학 실험을 생각하면 이해하기 쉬울 것입니다. 과학 실험의 경우 '실험 전에 어떻게 실험할까를 생각하는 단계', '실험', '결과 정리'의 3단계로 구분할 수 있습니다. 모둠 중에는 아무것도 생각하지 않고 바로 실험을 하는 모둠도 있을 것입니다. 그 경우 최초의 단계는 짧겠지만, 마지막 정리 단계에서야 실험의 의미를 알아차리게 됩니다. 반면에 처음 단계에서 깊이 실험의 의미를 생각하는 모둠도 있을 것입니다. 당연히 시간이 길어지지만 그 이후의 시간은 절약됩니다. 즉, 모둠별로 각 단계에 걸리는 시간에 차이가 생깁니다.

따라서 단계를 나누어 제시하는 경우, 학급 모두가 일제히 멈추고 이야기를 하게 됩니다. 그때 각 단계의 가장 늦은 모둠에 맞추게 됩니다. 즉, 최초의 단계에서 천천히 실험의 의미를 생각하는 모둠이 끝날 때까지 다음 단계를 실시하지 못합니다. 결과적으로 그다음 실험을 하고 싶어 하는 모둠은 지루하게 기다리지 않으면 안 됩니다. 정리 단계에서는 먼저 실험의 의미를 생각한 모둠은 일찍 끝나서 역시 지루하게 기다리게 됩니다.

그런데 학생들의 교류가 활발해지면 먼저 실험을 시작한 모둠의 실패 경험이 다른 모둠에게 알려져, 같은 실패를 피할 수 있습니다.

'정리'하고 싶은 생각이 든다면?

교사는 수업 중 정리하고 싶거나, 수업의 끝부분에서도 마무리를 하고 싶은 생각이 들 것입니다. 그 마음은 충분히 이해합니다. 저도 그랬지만, 교사가 '정리'를 하고 다음으로 진행을 하면, 학생들 자신이 스스로 정리하고 다음으로 나아가는 집단이 될 수 없습니다. '정리'하고 싶은 마음을 참아야만 합니다. 학생들에게 맡겨 버리면 처음에는 실패하는 경우도 있습니다. 그럴 때에는 수업 중에 "어라~? ○○을 알아차리지 못한 사람이 있네~. 하지만 그것을 알고 있는 사람도 있네. 반에서 알고 있는 사람이 있는데, 어째서 알아차리지 못한 사람이 있을까~?"라고 천장을 바라보면서 좀 큰 목소리로 중얼거려 보세요. 교사인 당신이 하고 싶을 말을 대신 말해 주는 멋진 친구들이 적지 않을 것입니다.

함께 배움에서는, 그날의 과제를 달성하는 것보다는 과제 달성을 계속하는 집단 만들기를 목적으로 해 주세요. 더 나아가 학생들이 자신의 행복한 삶을 위해 필요한 사람과 함께하는 능력과 함께하는 집단을 모든 학생들에게 제공하는 것을 목표로 해 주세요.

'하지만~'이라고 생각하는 마음은 이해합니다. 저도 그렇게 생각했었습니다. 함께 배움 수업에서는 '정리'는 하지 말아 주세요. 혹시 참지 못하고 정리를 해 버렸다면, "왜 선생님이 이런 일을 하는 걸까? 여러분도 가능한 일인데"라고 전체 학생들에게 말해 주세요. 이것을 반복하는 동안에 비교적 빠른 단계에서, 선생님이 정리하고 싶어 하거나 조정하고 싶어 하는 것이 무엇일까를 알아차린 학생들이 활동할 것입니다.

04 학생끼리 연결하는 방법

좀 참아 주세요

"자, 시작해 주세요"라고 말하고, 학생들에게 맡겨 버리면 여러 가지 것들이 눈에 들어올 겁니다. 무엇을 해야 좋을지 모르는 학생이 있을지도 모르겠습니다. 엉뚱한 실수를 하는 학생도 있을 겁니다. 그런 경우 알려 주고 싶은 것이 인지상정이지만, 꾹 참아 주세요.

교사가 가르치기 시작하면, 학생들의 의식개혁은 진행되지 않습니다. 지금 지우개를 잃어버린 학생이 있다면, "선생님 지우개를 잃어버렸어요"라고 말하기보다는 옆 친구들에게 "지우개 빌려줘"라고 말하게 하는 편이 좋습니다.

말 한마디 거는 것으로 변합니다

학생들이 모르는 것은 대부분 단순합니다. 예를 들면 노트에 써야 하는지, 학습지에 써야 하는지, 또는 자를 써도 좋은지 정도입니다. 그때 학생이 "선생님, 가르쳐 주세요"라고 요청하더라도 응하면 안 됩니다. 그 대신 "OO라는 것을 모르니? 그것이라면 알고 있는 친구가 있을 거야"라고 모든 친구가 들을 수 있도록 큰 소리로 말해 주세요. 그러면 그 말을 듣고 알려 주러 오는 친구가 나타날 것입니다.

그때 가르치고 있는 학생과 설명을 듣고 있는 학생을 칭찬해 주세요 (상세한 것은 '가르쳐 달라고 말할 수 있는 학급을 만들기 위해서는'에 나와 있습니다).

"선생님, 이 문제 어려워서 모르겠어요"라고 물어보는 학생에게는 주변을 둘러보고 이 문제를 해결한 학생을 발견해 "○○야, △△가 알고 있는 것 같아. 선생님에게 묻는 것보다 잘 설명해 줄 수 있을 거야~"라고 말해 주세요. 혹은 그 문제를 해결한 학생 옆에 가서 "와~, △△ 대단하네. 문제 1번은 이렇게 풀면 좋겠네"라고 하는 등 좀 큰소리로 칭찬해 주세요. 교사가 그 자리를 떠나서 10초도 지나지 않아서 그 아이 주위로 학생들이 모일 것입니다.

드물지만, 과제 자체가 애매해서 학급 전원이 잘 못 풀고 있는 경우도 있습니다. 그것은 학생들의 이해력 부족이 문제가 아니고 교사의 문제입니다. 이런 경우 교사는 손뼉을 치면서 "여러분, 잠시 멈춰 주세요. 오늘의 과제는……"이라고 설명해 주고 싶을 것입니다. 하지만 그렇게 하지 마세요. 그 대신 시선을 공중으로 향한 채로 좀 큰 목소리로 "어라~ 문제 2번은 ○○을 묻고 있는 있는데, 왜 ▽▽라고 오해하는 친구들이 많을까~. 제시된 글에는 ○○이라고 제대로 적혀 있는데 말이야~"라고 말하면 됩니다. 그렇게 하면 문제 2번을 풀고 있는 학생은 교사의 언급에 귀를 기울입니다. 아직 1번 문제를 풀고 있는 학생은 흘려듣습니다. 그리고 2번을 풀 때에 "아까 선생님이 뭐라도 말했는데, 뭐라고 그랬지?"라고 주위 친구들에게 묻습니다.

함께 배움에서는 개인이 아닌 집단을 움직입니다. 특정 학생을 칭찬함으로써 집단이 접근하게 합니다. 때문에 칭찬하는 말은 항상 약간 큰 목소리로 합니다. 교사는 학생들을 연결시키지 않고, 연결되는 계기를 만듭니다. 교사가 학생 A와 B를 연결시킨다고 하더라도, A와 B가 서로 성격이 맞을지는 알 수 없습니다. A가 모를 때, B, C, D……를 소개하지만, 누구를 선택할지는 A가 결정합니다.

단지 말하지 않고 있으면 안 됩니다. 배려심이 있는 학생들이 알아차리게 약간 큰 목소리로 충분히 칭찬의 말을 하거나 중얼거립니다.

05 대화의 계기를 만들기 위해서는

가만히 있는 이유는

학생들의 대화 활동을 중심으로 한 수업은 매우 많습니다. 그 수업들에는 학생들에게 여러 가지 규칙을 부여해서 연습시킵니다. 함께 배움에서는 그런 것을 하지 않고 "자, 시작하세요"라는 말만 합니다. 그런데 "자, 시작하세요"라고 말하며 함께 배움 수업을 시작하더라도, 아마도 학생들은 가만히 있을 것입니다. 학생들끼리 교류하지 않고 묵묵히 혼자서 문제만 풀고 있을 수도 있습니다. 그럴 경우 '역시 규칙이나 연습이 필요하구나'라고 생각할 수도 있습니다. 하지만 아닙니다.

상상해 보세요. 식욕이 왕성한 배고픈 어린이를 불고기 식당에 데려가서 '이 아이들이 마음껏 먹지 않는 것은 아닐까?'라고 염려합니까? 분명 그런 걱정은 하지 않을 것입니다.

식욕이 왕성한 어린이들이 '가만히' 있거나 전혀 먹지 않는다면 무엇이 원인일까요? 그것은 '선생님이 불고기를 먹어도 된다고 말씀은 했지만, 많은 돈을 쓰는 것을 염려하는 것은 아닐까?'라고 교사의 본심을 살피기 때문입니다.

교실에서도 학생들은 가만히 앉아 있는 것보다는 돌아다니며 친구들과 이야기하는 것을 더 좋아하는 것이 당연합니다. 혹시 "자, 시작하세요"라는 말로 학생들이 움직이지 않으면, 그것은 학생들이 "어떤 방법이라도 좋아요. 일어나 돌아다녀도 좋고, 서로 이야기하더라도 좋아요"라고 당신이 말을 하더라도 어느 정도까지 허용하는 것일까 본심을 탐색하는 것입니다. 평소대로 먼저 혼자 배우기를 하지 않으면 야단맞는 것이 아닌가 생각하는 것입니다. 어쩔 수 없습니다. 지금까지 그렇게 배워왔기 때문입니다. 따라서 그런 의심을 깨끗이 없애 버려야 합니다.

계기를 만드는 이야기

"어라? 모르면 물으러 가도 좋아요. 모르면서도 가만히 있는 것은 정말 바보 같지 않나요?"라는 식으로 말해서 계기를 만들어 주세요. 이런 말을 여러 번 반복하면, 조심스럽게 일어나 물으러 가는 학생이 나타날 것입니다. 그러면, "오~, ○○은 현명해~. 묻는 것은 순간의 부끄러움에 불과하지만, 그대로 있으면 일생의 부끄러움이 됩니다. 가르쳐 달라고 말할 수 있는 친구가 제일 현명한 사람이지요"라고 큰 소리로 칭찬합니다. 그리고 가르쳐 주고 있는 학생에게는 "정말 멋지다~"라고 좀 큰 소리로 칭찬합니다.

학급에는 활발한 학생이 몇 명은 있기 마련입니다. 그 학생들에게 촉구한다면 의외로 간단히 일어나 돌아다닐 것입니다. 그 모습을 교사가 적극적으로 칭찬한다면 그 장면을 본 학생들이 조심스럽게 이야기하러 갑니다. 이것을 교사가 적극적으로 칭찬하면 순식간에 활발한 함께 배움이 생깁니다.

처음에는 성적 상위권 학생이, 먼저 자신의 과제를 전부 끝낸 다음부터 가르치러 다니기 시작할 것입니다. 따라서 처음 10분 정도는 묵묵히 문제를 풀고 있을 것입니다. 그리고 교탁으로 가서 정답을 맞혀 봅니다. 전부 해결했다고 확인이 되면, "오~ ○○군은 끝났군요. 오늘의 목표는 전원이 과제를 달성하는 것입니다. 배려심 깊은 ○○군은 지금부터 해야 할 것이 많이 있네요"라고 촉구합니다. 그리고 가르치기 시작하면 칭찬합니다. 동시에 배우고 있는 친구도 칭찬합니다.

06 가르쳐 달라고 말할 수 있는
학급을 만들기 위해서는

가르쳐 달라고 말할 수 있는 것은 대단한 일

학생들이 서로 가르치고 있을 때, 교사는 가르치는 학생을 칭찬해야 합니다. 하지만 그것만으로는 불충분합니다. 배우고 있는 친구도 칭찬해 주세요. 양쪽 모두를 대등하게 생각해서 칭찬해 주세요.

'누구 모르는 사람 없나요?'라고 말할 수 있는 능력과 '모르니까 가르쳐 달라'고 말할 수 있는 능력 중 어느 쪽이 실제 사회에서 더 중요할까요? 분명히, 모르니까 가르쳐 달라는 편이 빈도도 높고 중요성도 더 높다고 생각합니다. 가르치는 것이 직업인 교사에게도 그럴 것입니다. 모르니까 가르쳐 달라고 말할 수 있는 것의 소중함을 확실하게 가르치지 않으면 안 됩니다.

그런데 세상은 '가르치는 사람은 위대한 사람', '배우는 사람은 못난 사람'이라는 관념으로 보는 경향이 있습니다. 그리고 교사도 그렇게 생각할 수 있기 때문에, 무의식적으로 가르치는 학생만 칭찬하고 배우는 학생은 칭찬하지 않습니다. 이런 편견을 깨야 합니다. 그렇기 때문에 교사는 배우고 있는 학생을 먼저 칭찬하지 않으면 안 됩니다.

교사의 이런 칭찬의 말은 배우고 있는 학생을 칭찬하는 이상으로 가르치고 있는 학생에게도 가르쳐 달라는 것의 대단함을 알려 주는 메시지인 것입니다. 칭찬하는 말을 좀 큰 소리로 말해 주세요. 그리고 고루고루 말해 주세요. 그렇게 하는 이유는 학급 전체에 대한 메시지이기 때문입니다. 그렇게 하면 가르치는 학생이 "그런 것을 부끄러워하지 말자. 지금 모르는 것은 중요한 것이 아니야. 마지막에 모두가 아는 것이 중요하니까"라고 말하게 됩니다. 아마 그렇게 말해 주어도 '부끄럽다'고 생각할 수도 있을 것입니다. 하지만 진정으로 그렇게 말하는 것을 반복하면 점차 변해 갑니다. 이런 식으로 지금까지 약한 입장이었던 하위권 학생들이 가르쳐 달라고 쉽게 말할 수 있게 됩니다.

가르쳐 달라고 말할 수 있는 학급을 만드는 이야기

가르쳐 달라는 말을 쉽게 할 수 있으면, 좀 더 길게 서로 가르치고 배우는 장면이 생깁니다. 그럴 때에는 정말로 알고 싶어서 묻는 것이라고 칭찬합니다. "그렇구나, 바로 그것을 몰랐네~"라고 말하는 학생이 있다면, "이제는 몰랐던 것을 제대로 설명할 수 있겠네"라며 칭찬합니다.

끈질기게 가르쳐 달라고 말하는 동안에 자신이 안다고 생각하고 가르치던 학생이 사실은 제대로 이해하지 못하고 있었음을 깨닫게 됩니다. 그 단계까지 가면 가르치는 자와 배우는 자의 입장이 바뀝니다. 때로는 학급에서 가장 성적이 좋은 학생이 설문조사에서, 학급에서 가장 성적이 낮은 학생으로부터 배웠다는 소감을 적어 내기도 합니다.

07 그대로 베끼기를 방지하는 요령

알고 있는 척하는 학생을 방지하는 이야기

모르면서도 알고 있다며 답을 그대로 베끼는 학생도 있을 것입니다. 반대로, '그래. 이곳에 ~라고 쓰면 되겠네'라며 이해하지 못한 친구에게 그대로 옮겨 적도록 강요하는 경우도 있습니다. 베끼는 학생은 모르기 때문에 베끼는 것입니다. 따라서 베끼는 것은 안 된다고 말해도 모르는 것은 모르는 채로 남겨지겠지요. 놀고 있는 어린이에게 공부하라고 말하는 것과 같습니다.

그러면 어떻게 하면 좋을까요? 수업 종료 6, 7분 전에 확인 테스트를 하면 됩니다. 아주 간단한 것이라도 상관없습니다. 이때 학생들에게 답을 말하게 하면서 이렇게 말합니다.

답이 맞은 사람은 손을 들어 주세요. 지금 손을 든 사람은 일어서 주세요. 서 있는 사람은 주위를 둘러봐 주세요. 오늘 수업을 하면서 선생님이 걱정되는 것이 있었습니다. 그것은 제대로 모르면서도 답을 그대로 베낀 사람이 있기 때문입니다. 때문에 지난번 예비 함께 배움 수업은 합격인데 오늘 수업은 불합격입니다. 그렇다면 왜 이런 일이 일어낳을까요? 물론 그대로 베끼기만 한 사람은 안 됩니다. 그런데 선생님이 유감스럽게 생각하는 것은 베끼는 것을 묵인한 것입니다. 베끼도록 묵인한 사람은 정답을 제대로 알고 있는 사람이지요. 자신이 가르치고 있을 때, (배우는 친구의) 반응을 보면 제대로 모르고 있다는 것을 알 수 있겠지요. 그럼에도 불구하고 베끼는 것을 묵인했습니다. 이것은 슬픈 일이 아닐까요? 물론 나쁜 생각은 없습니다. 여하튼 과제를 풀게 하고 싶은 마음이었을 겁니다. 하지만 그것은 안 됩니다. 우리 반 모두가 정말로 알도록 모두가 서로 지원해 주는 학급이 되기를 기대합니다.

주의할 점은 확인 테스트에서 누구는 할 수 있고, 누구는 할 수 없다는 것을 알아야 할 사람은 교사가 아닌 학생들입니다. 때문에 확인 테스트 결과는 누가 맞고 누가 틀렸음을 사실대로 바로 학생 전원에게 알려 주세요.

학생들의 변화와 주의

이렇게 하면 학생들 사이에서 "제대로 알지 않으면 안 돼요", "안 돼요, 답만을 그대로 베끼는 것은"이라는 소리가 들려옵니다. 그때 좀 큰 목소리로 칭찬합니다. 그것을 따라 하는 친구들이 늘어납니다. 이렇게 되면 "자, 이 수가 4가 아닌 5라면 답은 어떻게 되니?"라고 정말로 알고 있는지를 확인하는 학생이 나타납니다. 이런 집단이 형성되면 알고 있는 척하는 학생은 사라집니다. 또 최후의 확인 테스트는 되도록 빨리(많아도 2, 3회 정도로) 폐지해 주세요. 확인 테스트는 어디까지나 교사가 전원 달성을 요구하고 있다는 것을 명확한 메시지로 전달하기 위한 테크닉에 불과합니다. 확인 테스트를 하면 학생들의 귀중한 함께 배움 시간을 줄이기만 할 뿐입니다.

학생들에게 설교나 주의를 줄 때에도 절대로 지켰으면 하는 것이 있습니다. 그것은 칭찬입니다. 수업 중에 충분히 칭찬해 주세요. 대부분의 학생들은 교사의 언급에 응해서 여러 가지 활동을 합니다. 학생들은 모습을 칭찬하지 않고 부정적인 평가만 하면 의욕을 잃게 됩니다. 질책의 몇 곱절 칭찬하기 이것이 핵심입니다.

08 놀고 있는 학생이 없게 하기

놀고 있는 학생이 없게 하기

함께 배움에서는 집단을 활용하여 염려되는 학생의 좋은 변화를 기다리는 것이 기본입니다. 교사가 전원 달성을 요구하면 8할의 학생들이 따라옵니다. 그 8할 학생들의 힘에 의해 나머지 2할의 학생들도 변하는 것입니다. 예를 들면 계속 놀고 있는 학생이나 그룹이 눈에 띄더라도 이 학생에게 직접 주의를 주지 않습니다. 그 대신 수업 마지막에 다음과 같이 말해 주세요.

오늘은 매우 유감입니다. 선생님은 여러분을 믿고 한 시간을 맡겼습니다. 그런데 한 시간 내내 놀고 있었던 친구들이 있었습니다. 선생님이 유감스럽게 생각하는 것은 놀고 있었던 친구들뿐만 아닙니다. 선생님이 특별히 유감스럽게 생각하는 것은 여러분입니다. 선생님이 알았던 것처럼 여러분도 친구들이 놀고 있는 것을 알았을 것입니다. 그러면 왜 같이 공부하자고 말하지 않았나요? 놀고 있으면 당연히 이 시간의 공부는 할 수 없습니다. 그것이 좋은 일입니까? 이것은 학급 친구를 포기하는 것이 아닐까요? 한 사람을 포기하면 두 사람도 포기하고, 세 사람째, 네 사람째는 여러분이 될 수도 있습니다. 이런 학급에 있고 싶습니까? 저는 싫습니다. 하지만, 오늘 여러분의 멋진 모습을 많이 보았습니다. 예를 들면 ○○군은……, 또 △△양은……. 그 밖의 여러분도 정말로 멋진 모습을 보여 주었습니다. 여러분이라면 극복할 수 있다고 생각합니다. 기대합니다!

이때 절대로 놀았던 친구들을 쳐다보면 안 됩니다. 또 놀고 있었던 친구가 당신에게 반론을 제기하더라도 상대를 하면 안 됩니다. 그렇게 하면 주위의 학생들은 당신과 그 학생의 문제라고 생각하게 됩니다. 교사가 움직이고 싶은 것은 주위의 학생들입니다. 그리고 주의를 받더라도 자신은 아프지도 가렵지도 않은 학생이 있어도 자신을 위해서 학급 친구들이 주의를 받는 것은 아픕니다. 이쪽이 더 효과적입니다.

반발하는 학생이 있다면

혹시 학급에 발언력이 강한데 교사에게 반발하는 학생이 있다면 어떨까요? 그 학생의 발언력이 강한 것은 학급 학생들이 제각각이기 때문입니다. 일대일이라면 다른 학생을 제압하는 학생이 있을 수도 있지만, 4, 5명의 학생이 집단이 되어 함께 공부하자고 요구하면 그것을 무시할 수 있는 학생은 아마 없을 것입니다.

그렇다면 교사에게 반발하는 4, 5명의 학생이 집단으로 있다면 어떻게 될까요? 이 학생들을 잘 살펴보세요. 4, 5명이 일제히 교사에게 반발하는 건 아닐 것입니다. 그 반수인 2, 3명은 교사에게 반발하거나 주위의 학생들에게 반대하는 것은 자신에게 손해임을 알고 있습니다. 하지만 주위의 학생들이 자신을 넣어 주기 않기 때문에 결과적으로 이들과 함께하는 것입니다. 따라서 함께 공부하자고 친구들이 권하고, 편안하게 받아 준다면, 반발하는 그룹은 한 사람씩 줄어듭니다. 4, 5명 그룹이 3명이 되고, 2명이 되면 급격히 그 영향력이 약해집니다.

교사가 감당할 수 없었던 학생들이 좋아졌다면 그것은 학생들의 힘밖에는 없습니다.

혼자 떨어져 있는 학생이 없게 하기

혼자 떨어져 있는 학생이 없게 하기

함께 배움을 시작하면 바로 다양한 문제가 나타날 것입니다. 예를 들면 혼자 있는 학생이 보입니다. 혼자의 힘으로는 과제를 해결하지 못하고 친구들한테도 지원을 받지 못하는 학생입니다.

우두커니 혼자 있는 학생을 어떻게든 해 보려고 직접 관여를 하면 오히려 그 학생을 궁지에 몰아넣게 됩니다. 무리해서 어떤 그룹에 넣어 버리면, 교사는 기분이 가벼워질지 모르겠지만, 그 학생에게는 혼자 있을 때보다도 고통스러운 상태가 될 가능성이 있습니다. 오히려 "○○군은 혼자 하고 있네. 혼자서 공부가 되면 혼자라도 좋아요. 하지만 모두가 과제를 달성하려면 어떻게 해야 하는지를 생각해 봅시다"라는 정도로 이야기하고, 그 아이가 혼자서 하는 것을 합리화시켜 주세요. 그리고 '그대로 베끼기를 방지하는 요령'에서 예시한 이야기를 합니다.

일관성 있는 말

혼자 우두커니 있는 학생이 안쓰러워서 "○○을 끼워 주세요"라고 말하고 싶을 것입니다. 하지만 참아 주세요. 학생들에게 '모두'는 자기 주변의 몇 명 정도입니다. '모두' 같이 하자, '모두'가 되도록 하자고 교사가 말해도, 학급의 리더 정도의 학생이라도 자기 주변의 몇 명을 가르쳤다면 OK라고 생각해 버립니다. 하지만 어쩔 수가 없습니다. 지금까지의 교육에서는 그것으로 OK였기 때문입니다. 진정으로 '한 명도 포기하지 않는 것'을 요구한 적이 없었기 때문입니다. 2, 3명이 할 수 없었는데도 불구하고 그만 "오늘은 모두가 해결했네"라고 말해 버렸던 교사가 적지 않았을 것입니다. 그 한마디, 즉 교사의 마음속에 있는 '저 아이는 어쩔 수가 없어'라는 생각은 학생들에게 전해집니다.

앞에서 언급한 것처럼 '한 사람도 포기하지 않는다'고 하는 메시지를 반복해서 학생들에게 말함으로써 선생님이 말하는 '모두'라는 의미는 정말로 '한 사람도 포기하지 않는다'는 것임을 서서히 이해하게 됩니다. 그러나 앞에서 말한 것을 반복한다면 분위기가 무거워집니다. 여러분의 성격에 맞게 '가볍게 말하기', '확실히 말하기', '웃으면서 말하기', '천천히 끊어서 말하기', '말하기 싫은 듯 말하기' 등등 다양한 어투로 집요하게 말해 주세요.

함께 배움을 하면, 지금까지와는 다른 인간관계가 자꾸자꾸 생겨납니다. 그것은 이벤트 단계에서도 생겨납니다. 그리고 이 책의 단계를 밟아 나가면서 함께 배움을 하는 횟수가 많아지면 동떨어져 있던 학생들이 점점 사라집니다. 이런 것에 함께 배움을 실천하고 있는 많은 선생님들이 놀랍니다.

그런데 마지막 몇 사람마저 함께 배움의 원 안으로 들어오기 위해서는 시간이 걸립니다. 그 학생을 포함시키려면 다른 친구들 모두가 원 안으로 들어오지 않으면 안 됩니다. 모두의 힘으로 마지막 한 사람까지 받아들여질 때 비로소 완성되는 것입니다.

그를 위해 '한 사람을 포기하는 학급은 이윽고 너를 포기하는 학급이 될 거야. 때문에 한 사람도 포기해서는 안 된다'고 계속 반복해 이야기해야 합니다.

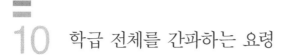

10 학급 전체를 간파하는 요령

귀 기울여 주세요

전차 속에서 무심코 잠들어 버렸던 적이 있겠지요. 전차 소리나 사람의 목소리가 들리지만 신경 쓰이지 않습니다. 그런데 갑자기 소란한 무리가 들어오는 순간 그 소리가 거슬립니다. 왜 그럴까요? 사람들은 자유롭게 이야기하는 것처럼 보여도 다른 사람에게 방해되지 않도록 목소리의 크기나 고저를 조절하면서 말합니다. 때문에 많은 사람의 목소리는 방해되지 않는 수준의 목소리 크기가 됩니다. 그러나 주위 사람에게 신경 쓰지 않고 자신들만의 세계에 빠진 집단은 목소리 크기를 조절하지 않습니다. 이질적인 높낮이와 세기로 말하기 때문에 신경이 쓰입니다. 때문에 눈을 감고 들어주세요. 학급의 소리를 들어주세요. 놀고 있는 학생들을 금방 발견할 것입니다.

시선을 따라가 주세요

우선, 공부하는 학생의 시선을 따라가 주세요. 재미있게 공부하고 있으면 정기적으로 노트나 교과서 쪽으로 시선이 향합니다. 이야기하는 상대의 얼굴과 노트나 교과서로 시선이 움직이고 있습니다. 놀고 있는 경우는 노트나 교과서 쪽으로 시선이 가지 않습니다.

학생들이 4, 5명 그룹일 때에는 한 사람 한 사람 시선의 움직임을 살펴보세요. 소외되고 있는 학생 쪽으로는 시선이 오지 않습니다. 거꾸로 한 명이 결정하고 있는 경우에는 그 학생의 시선만 움직이고 다른 학생들은 그 학생만 바라보게 됩니다. 체육 시간에 앉을 자리를 자유롭게 하면 학생들은 부채꼴로 앉을 것입니다. 부채의 중심 위치에 주도적인 학생이 앉을 것입니다.

다음 사진은 그룹으로 조사한 것을 발표하는 장면입니다. 어떤 차이를 발견할 수 있을까요?

오른쪽 사진은 협동해서 조사한 그룹입니다. 왼쪽 그룹은 협동해서 조사하지 않은 그룹입니다. 차이는 발표자가 읽고 있는 원고를 전원이 보는지의 여부입니다. 왼쪽 사진에서 발표에 참여하는 사람은 왼쪽 두 사람뿐입니다. (오른쪽 사진은) 모둠의 과제가 나의 일이라고 생각할 때 무의식적으로 나오는 모습입니다. 예를 들면 정말로 상대가 알기를 원한다면, 가르치고 있는 학생이 가르친 후, 친구가 어떻게 노트에 쓰고 있는지를 살펴볼 것입니다.

이처럼 옥석을 구분하면서 멀리서 학급 전체를 살펴보면 다양한 모습이 보일 것입니다. 아니, 학급 전체를 바라보기 때문에 보이는 것입니다. 하지만 놀고 있는 것이 보이더라도 그 학생들을 야단치지 말고 전체에게 말해 주세요. 교사의 말에 응해 주는 학생들이 갈 것입니다.

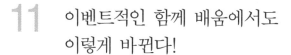

11 이벤트적인 함께 배움에서도 이렇게 바뀐다!

이런 성과가 나타난다

보통의 일제 수업을 해 왔던 학급이라면, 몇 차례의 함께 배움으로도 학생들이 자유롭게 다니고, 서로 가르치고, 서로 배우게 될 것입니다.

아마도 이 책을 읽고 있는 선생님이라면, 1회 만에 학급이 그와 같은 상태로 되는 경우도 많습니다. 혈기왕성한 학생들을 그럭저럭 자리에 앉혀서 필기를 시킬 정도의 역량이 있다면, 자리에서 일어나 돌아다녀도, 서로 이야기해도 좋다고 시키는 데는 시간이 걸리지 않을 것입니다.

학생들이 일어나 돌아다니면서 서로 배우는 상태가 되면, 얼마 안 가서 좋은 징조가 보일 것입니다.

보통 수업에서는 수업 시작 10분 이내에 집중력이 떨어져서 마음이 '우주'로 날아가는 학생들도 함께 배움에서는 계속 집중해서 공부하는 모습을 볼 수 있습니다. 잡담하는 것처럼 보여도, 다가가서 들어보면 수준은 몰라도 공부 이야기를 하고 있을 것입니다.

지금까지 애를 먹이던 학생들 중에서도 수업에 집중하는 모습을 자주 볼 수 있을 것입니다. 지금까지는 '앉아 있으세요', '조용히 하세요'라고 그 학생들에게 말했었는데, '돌아다녀도 좋아요', '이야기해도 좋아요'

라고 하면, 마음이 편해집니다. 학생들의 정겨운 소리에 귀를 기울이면 무심결에 미소 짓게 됩니다. 선생님의 미소가 학생들에게 에너지를 주는 것입니다.

이런 과제도 해결하고 싶다고 생각한다면……

한편, 이번 장에서 살펴본 바와 같이 이 단계에서는 여러 가지 문제가 눈에 띌 것입니다.

먼저 답을 그대로 베끼는 학생이 있을 겁니다. 거꾸로 "봐~, 여기에 ○○이라고 쓰면 돼"라고 베끼기를 강요하는 학생도 있을 겁니다.

두 번째로 좋아하는 친구끼리 그룹을 만드는 것입니다. 특히 문제가 되는 것은 성적 하위권 학생이 모여서 공부하지 않고 노는 것입니다.

세 번째로 혼자 있는 학생이 눈에 띄는 것입니다. 자기 혼자서는 해결하지 못하고, 어느 누구로부터도 지원을 받지 못하는 학생이 눈에 띕니다.

이런 것들은 함께 배움 수업을 했기 때문에 생긴 것이 아닙니다. 함께 배움에 의해 학생들의 '맨얼굴'이 잘 보인 것이고, 또 교사가 볼 수 있는 여유가 생겼기 때문에 알게 된 것입니다.

답을 그대로 베끼는 학생은 지금까지의 수업에서도 수업의 마지막에 교사가 판서한 내용을 그대로 베껴 왔던 것이 아닐까요? 놀고 있는 학생들은 대부분 수업 시작 10분 정도가 되면 마음이 '우주'에 가 있던 학생들이 아닐까요?

그리고 안타깝지만, 홀로 떨어져 있는 학생에게 교사가 직접 가르치는 것은 꾹 참아 주세요. 교사가 가르쳐 버리면 학급 학생들이 모두 '저 친구는 선생님이 담당하는구나' 하고 안심하고 그 학생과는 교류하지 않습니다.

위와 같이 눈에 띄는 문제를 해결할 방법이 있습니다. 그것은 함께 배움 수업 시간을 늘리는 것입니다. 함께 배움 수업 시간을 늘려서 정기적으로 실시하면, 이런 문제는 늦어도 3개월 이내에 (빠르면 1개월 이내에) 확실히 해결될 것입니다. 이곳에서 본 문제들은 아마도 함께 배움의 수업 이전에도 해결하려고 시도했지만 해결하지 못했던 것이 아닐까요?

여기서 원래의 일제 수업으로 돌아갈까요? 아니면 해결되는 방향으로 나아가겠습니까?

혹시 조금이라도 좋은 반응이 있어서 더 진행하고 싶다면, 부디 다음 장의 주 1회 함께 배움을 실험해 보세요.

▶ 평가 전에 연습문제부터 먼저 시작했습니다 ◀

시무라 나오미(사가 현 장학사)

함께 배움과의 만남

처음으로 본 함께 배움 수업 동영상에는 선생님이 거의 앞에 서 있지 않고, 학생들도 우왕좌왕. 함께 배움이라는 것은 이런 수업일까? 그때 저는 '함께 배움은 실천하지 않겠다'고 굳게 맹세했습니다.

2년 후, 함께 배움을 실천하는 A선생님의 교무실 옆자리에 앉게 되었습니다. A선생님과는 학급 경영이나 학생 지도에 관해서 생각하는 방식이 비슷해서 정보 교환을 하는 기회가 많아졌습니다. 자연스럽게 함께 배움에 대해서도 이야기하게 되었습니다. 제가 의문에 부딪힐 때마다 하나하나 정성스럽게 응답해 주셨던 A선생님. 덕분에 교사가 교단 앞에서 설명하지 않는다고 해서, 아무것도 하지 않는 것이 아님을 이해했습니다. 학생의 좋은 아이디어를 알려 주고 연결해 주는 계기를 만들기도 하고, 전원이 과제에 집중할 수 있도록 언급하는 교사의 역할을 이해하게 되었습니다. 한 사람도 포기하지 않는 학급 집단을 만들기 위해서 교사가 움직인다는 것을 이해하게 되어, '반대하더라도 해 보고 나서 반대하라'는 권유에 따라 2학기부터 실천해 보았습니다.

평가 전의 연습문제부터

어디에서부터 시작하면 좋을지 A선생님과 상담해 보니, 단원평가 전의 연습문제부터 실시하면 좋다고 조언해 주셨습니다.

학생들 '모두'를 목표로, 자리를 떠나도 좋고, 종료 시간 등의 규칙을 정해서 시작. 그런데 지금까지 수학 시간에는 흥미 없어 하던 표정을 보이던 학생도 정말 열심히 생각하는 것이 아닙니까. B학생이 C학생의 답을 보고 "각각이라고 쓰여 있기 때문에 답은 1개가 아니다"라고 알려 주자, C학생은 "아, 그런가"라면서 다시 써서 돌아다니기 시작합니다. 그리고 같은 실수를 하고 있던 친구들에게 설명하기 시작합니다. "나도 같은 실수를 했는데"라고 친구들을 안심시키는 말을 하면서 말입니다. 그때 서로 미소를 주고받는 얼굴을 보고 있던 저도 가슴이 따뜻해 옴을 느꼈습니다. 과학 평가 전에도 실시해 보았습니다. 분위기는 수학 시간과 같았습니다.

이렇게 되자 모두가 열심히 참여하는 모습을 보통의 수업 시간에도 보고 싶어졌습니다. A선생님의 조언대로 수학 시간부터 실시하자, 쉬는 시간 복도에서도 "역시 이해할 수 없어"라고 진지하게 서로 수학 이야기를 하는 것이……. 지금까지 저의 수업에서는 볼 수 없었던 의욕적인 자세에 감동했습니다.

잠시 시간이 지나자, "선생님, 저는 작년부터 수학 시간에는 한가했습니다. 이해가 되지 않아도 물을 수 없었고, 진도는 나가 버리니까 아무것도 하지 못했습니다. 하지만 지금은 공부하고 있어요"라고 말해 주러 온 학생도 있었습니다. 작년뿐만 아니라 1학기 저의 수업 시간에도 그랬다는 것인데, 확실히 이제는 친구들에게 몇 번이나 알 때까지 질문합니다. 자기 생각을 전하고, 친구로부터 칭찬을 받는 모습도 보았습니다. 그렇다면 다른 교과도 해 보는 것이 좋지 않을까 싶어 과학, 국어까지 실천의 폭을 넓혔습니다.

4월에는 친구들의 눈을 의식해서 자기를 내세우면 안 되었는지, 자신과 죽이 맞는 친구들만으로 그룹을 만들었는데, 수업 중에 과제 해결을 위해서 그룹을 넘어서 이야기를 나누고 자기 의견을 제시하게 되어, 서로 이해하는 학급이 되어 갔습니다. 다양한 학생들이 있어 각각 서로 인정하고, 모두가 편안함을 느낄 수 있는 집단을 만들기 위한 함께 배움이었음을 실천을 해 보니 알 수 있었습니다.

갑자기 수업을 바꾸면, 저는 혹시라도 위화감이 먼저 들지도 모르겠다고 생각했습니다. 하지만 단원평가 전의 연습문제부터 시작하니, 자연스럽게 수업을 포함한 학교생활 전체가 함께 배움의 사고방식으로 되었습니다.

짧은 시간의 도전

함께 배움을 시작하는 방법으로, 이 책에서 소개하는 단계와 달리 짧은 시간부터 시작하는 단계도 있습니다. 구체적으로는 보통 수업 방법과 같이 도입하고, 가르치고, 판서하되, 마지막 15분 정도만 함께 배움을 도입하는 것입니다. 그러나 저는 이 방법을 권하지는 않겠습니다.

함께 배움의 효과는 시간과 함께 급속하게 상승합니다. 거꾸로 말하면, 학생들에 맡기는 시간을 짧게 할수록 급격하게 함께 배움의 효과는 낮아집니다. 대체로 40분 정도 맡겼을 때에는 전원 달성이 가능한 과제 수준과 양의 경우, 그것을 5분 짧게 하면 2~3할 정도의 학생들이 달성하지 못합니다. 그리고 10분 정도 짧게 하면 약 반 정도의 학생들이 달성하지 못합니다. 그리고 15분 정도의 짧은 함께 배움이 되면 교사가 설명하는 쪽이 더 낫다고 생각합니다.

저는 일본 전국의 다양한 분들로부터 함께 배움에 관한 질문을 받습니다. 또 많은 학교에 가서 함께 배움을 도입할 때 연수를 실시했습니다. 제 경험상 짧게 함께 배움을 시작하면 진정한 함께 배움에 이르기가 매우 어렵습니다. 대체로 선생님이 가르쳐 주시는 쪽이 더 알기 쉽다는 목소리가 중상위권 학생들로부터 나오고, 성적도 내려갑니다. 결과적으로 함께 배움의 도입은 실패하게 됩니다. 혹은 보통의 모둠 학습이나 짝 학습 등의 아류로 변해 갑니다.

단시간의 함께 배움은 종래의 수업과 함께 배움 수업에 두 다리를 걸친 것으로 어느 한 방향으로 집중하는 것보다는 낮은 결과가 됩니다. 그렇기 때문에, 저는 기본의 함께 배움을 경험하고, 그 빈도를 높이는 단계를 제안합니다.

3장

주 1회 해 봅시다

학생들이 어느 정도 움직이게 되었다면,
주 1회 정도, 정기적으로 함께 배움 수업을 해 봅시다.
그 정도라면 불안한 것이 있더라도 그 외의 수업 시간인
종래 해 오던 수업 시간에 조정할 수가 있습니다.
또 주 1회 정도라면, 주위의 선생님이나 학부모에게도
수업 방법의 대폭적인 변경으로는 보이지 않을 것입니다.
혹시 질문이 있어도, 학생들의 참여를
중요하게 여기는 수업을 일부분 도입하고 있다고 한다면
납득하실 것입니다.
주 1회의 함께 배움 수업에서 학생들에게 말하는 방법은
앞의 이벤트적인 함께 배움과 완전히 같습니다.
하지만 과제 작성 방법과 최초의 이야기를 배워야 합니다.
그 외의 시간(다른 교과, 학급회의, 운동회 등)에서도
가능한 한 학생들이 교류하는 시간을 주어서
'한 사람도 포기하지 않는다'는 것을
계속적으로 말해 주세요.
여러분의 교육 활동에 확실한 중심이 생깁니다.

01 교사의 결의를 전하는 최초의 이야기

학생에게 함께 배움을 왜 하는가를 말한다

주 1회 함께 배움을 실시하기 전에 왜 함께 배움을 하는가에 대해 제대로 설명할 필요가 있습니다. 이것은 최초의 이야기로서 매우 중요합니다.

여기에는 '어른이 되는 것이 학교 교육의 목적이다', '종래의 수업보다는 효과가 좋다', '정말로 이해하기', '한 사람도 포기하지 않기'라는 네 가지를 반드시 포함해야 합니다. 다음은 중학생을 대상으로 한 예입니다.

여러분이 앞으로 살아가기 위해서 가장 중요한 것은 무엇이라고 생각하나요? 여러 가지가 있겠지만, 선생님은 가장 중요한 것이 '친구들의 힘을 제대로 빌리는 능력'이라고 생각합니다. 한 사람의 힘으로는 아무래도 한계가 있습니다. 잘하는 것이 사람마다 다르기 때문이지요.

예를 들어 새로운 게임기를 샀지만 명령어를 입력하는 방법을 모를 때 어떻게 하나요? 누군가 잘 아는 친구에게 묻지 않나요? 그것은 선생님들도 같습니다. 모르는 게 있으면 알고 있는 사람에게 묻습니다.

이렇게 잘하는 사람의 힘을 빌려 자신에게 부족한 부분을 보충하면서 생활을 윤택하게 만들어 가는 것이 가능하다고 생각합니다.

이야기를 바꾸어서 선생님 한 명당 학생이 몇 명이면 가장 공부가 잘될까요? 제일 좋은 것은 학생 한 명당 선생님이 한 명씩 있어서 자세히 가르쳐 주면 가장 효율이 좋고 학력이 올라가겠지요. 그런데 그런 일은 불가능합니다. 게다가 일대일로 공부가 가능하다고 하더라도, 그 선생님과 성격이 맞지 않을 때에는 큰일입니다. 예를 들면 질문을 할 때마다 "왜 이런 것을 모르니?"라고 반문한다면 공부할 의욕이 없어지겠지요. 만일 열심히 가르쳐 주신다고 해도 그 지도 방식으로는 전혀 이해하지 못하는 경우도 고통스럽겠지요. 그렇다면 여러 가지 교과마다 학생 자신에게 맞는 방식으로 가르쳐 주시는 선생님이 학생마다 필요하게 됩니다. 그런 것은 있을 수 없겠지요. 교실에는 30명 이상의 학생들이 있기 때문에 그 학급 친구들의 힘을 잘 빌리면 좋지 않을까 생각하게 되었습니다.

지금부터 선생님의 수업은 이런 문제를 한 번에 해결하고 누구나 이해하기 쉽고 재미있는 수업이 되는 것을 목표로 한 수업입니다. 이를 위해서 우리 학급의 친구들끼리 서로 가르치면서 학습을 진행해 나갔으면 합니다. 생각해 보세요. 우리 학급에는 30명 이상의, 자신과 다른 능력을 지닌 친구가 있습니다. 그 친구끼리 서로 가르치고 배우면 꽤 높은 확률로 자신에게 딱 맞는 방식으로 가르쳐 주는 친구를 발견할 것입니다. 그런 친구의 힘을 빌려서 공부하면 재미있고 이해하기 쉬울 것입니다. 그리고 자신이 앞으로 살아가기 위해서 가장 소중한 능력인 다른 사람의 힘을 빌리는 능력을 획득하는 것도 가능합니다.

이제부터 선생님의 수업은 무엇을 하는지는 말하지만 어떻게 하는지는 가르치지 않습니다. 30명 이상의 힘을 합한다면, 교과서에 쓰여 있는 정도의 내용이라면 여러분 자신들의 힘으로 충분히 이해할 수 있을 것입니다. 이 수업에서는 한 사람도 포기하지 않고 전원이 과제 달성하는 것을 목표로 정해 주세요. 한 사람이 이해하지 못할 경우에도 학급 전원의 책임입니다. 한 사람을 포기하면 두 사람째, 세 사람째를 포기하게 됩니다. 반드시 전원 달성을 추구해 주세요. 여러분이라면 가능합니다! 기대합니다!

다양한 학교 단계나 교과에서 처음 하는 이야기는 저의 홈페이지(http://www.iamjun.com/)의 함께 배움을 배우고 싶은 분에게 → 玉手箱을 찾아 주세요. 다양한 사람들의 이야기를 들으면 어떤 의미인지 저절로 이해하게 됩니다. 그래서 '자신의 말'로 학생들에게 이야기할 수 있습니다.

최초의 이야기가 실패하더라도 괜찮습니다. 결국 수업 중 여러분의 말과 행동에서 무엇을 해야 하는가, 무엇을 해서는 안 되는가를 이해하게 됩니다. 여러분의 '지금부터 제대로 실천할 것'이라는 결심이 전해진다면 충분합니다. 이후는 매회의 수업에서 당신의 자세를 통해 전해집니다.

02 수업을 위해 준비해야 할 것

함께 배움에서 준비해야 할 것은 많지 않지만······

몇 가지 준비해 두면 좋은 것이 있습니다. 먼저 사전입니다. 학생들이 의문스러워하는 것은 대부분 어휘입니다. 그중 다수는 '이것 뭐니?'라고 옆 친구에게 물으면 알 수 있는 것인데, 그것을 넘어서는 수준의 어휘도 있습니다. 그런 어휘를 조사하기 위해 사전을 준비합니다. 학생 수 나누기 4를 한 권수를 준비하면 충분합니다. 낡았어도 괜찮고, 사전의 종류를 통일하지 않아도 좋습니다. 설령 초등 1년생이라도 사전 사용법을 가르칠 필요는 없습니다. 복잡한 게임기도 순식간에 사용할 수 있으니 사전 정도는 손쉬울 것입니다. 학생 중에는 사전 사용법을 알고 있는 학생이 몇 명은 있을 것입니다. 그런 학생이 없어도 사용할 필요가 있다면 집에서라도 배워 올 것입니다.

사전으로도 모를 때에는 자료집을 사용합니다. 덧붙이면 사회 과목으로 함께 배움 수업을 하고 있는지 여부는 학생들이 가지고 있는 자료집을 보면 일목요연합니다. 함께 배움에서는 자료집을 자주 사용하기 때문에 페이지의 가장자리가 더러워져 있습니다. 자료집으로도 모르면 도서실에 갑니다. 그 경우 학생이 몇 명 가는지를 주목해 주세요. 과제에 집중해 있는 모둠의 경우 한 사람이 도서실에 조사하러 갑니다. 그런데 집중하지 않는 모둠의 경우 그룹 전체가 갑니다. 도서실로 가서 처음엔 서가의 책표지를 잠시 바라보지만, 5분도 안 되어 도서실 책상에 모여 놀기 시작합니다.

다음으로 준비해야 할 것은 교사용 지도서, 당신이 가지고 있는 교사용 노하우 책입니다. 교사용 지도서에는 표준 시간이 적혀 있기 때문에 어느 정도의 속도로 배워야 하는지 힌트가 됩니다. 읽어 내는 학생이 주위의 친구들에게 알려 줍니다. 또 교사용 지도서에는 교과서 문제의 답이 적혀 있기 때문에 그것을 교탁에 두면 학생들은 자신의 답과 맞추어 봅니다.

체육의 경우 철봉 보조 교구가 있습니다. 함께 배움에서는 개별적으로 친구를 이해하고, 가르치는 것도 학생입니다. 따라서 종래에는 교사가 이용하던 도구를 학생들이 자신의 판단으로 사용한다면 매우 유용한 도구가 됩니다. 학생들이 무엇을 사용하는지 보고 있으면, 그 자료가 정말로 유용한가를 알 수 있습니다.

사용을 강요하지 않는 것이 중요

가능하다면 교실에 디지털카메라 몇 대와 컬러 프린터기가 연결된 컴퓨터가 있으면 좋을 것입니다. 컴퓨터에는 학부모가 사용하고 있는 대표적인 워드프로세서를 깔아 두면 충분합니다.

마지막으로 화이트보드입니다. 필수는 아니지만, 있으면 수학 시간에 활용됩니다. 100엔 숍에서도 팔고 있고, 제작해도 좋습니다. 수학 시간에 함께 배움이 정착되면 칠판을 활용하기 시작합니다. 그것을 발전시킨

사용법의 한 가지입니다.

이런 것들을 준비할 때는 사용을 강요하지 않는 것이 가장 중요합니다. 학습지도요령으로 지정된 것 이외에는 "여기 있어요"라며 놓아두세요. 학생들은 한 사람 한 사람이 다릅니다. 교사에게는 이해하기 쉽고, 사용한다면 편리할 것이라는 생각이 들어도 '그 학생'이 그렇게 생각하지 않을 수 있습니다. 그것을 강요한다면 매우 비효과적이겠지요. 학생들에게 최대의 도구는 다른 학생입니다. 다른 학생이 그 학생과의 교류를 통해 시행착오를 거치면서 전해집니다.

03 과제 작성 방법

먼저 기본적인 것을 확인합시다

주 1회의 함께 배움 수업이 되면 매주 과제를 만들 필요가 생깁니다. 일제 수업에서 정평이 난 선생님은 평가 점수를 확실하게 획득할 수 있도록 지도를 착실하게 합니다. 평가 점수의 60~80%를 점하고 있는 신출 한자, 신출 단어, 단순 계산문제, 기초적 문법 등에 착실하게 시간을 들일 것입니다. 함께 배움에서도 그런 부분을 확실하게 합니다.

시중에서 파는 문제집을 참고하면 그런 기초적인 부분은 문제화되어 있습니다. 또 교과서의 특정 페이지에도 있습니다. 수학 계산문제의 경우 교과서의 좌우 양면으로 문제가 쓰여 있습니다.

그 경우 '교과서(연습장) ~페이지의 한자(단어)를 전원이 외운다', '교과서 ~페이지부터 ~페이지까지 홀수 번의 문제를 전원이 풀 수 있다'와 같이 해 주세요.

'신출 한자를 외우기 위해 100번 쓰기'라는 과제는 이미 외우고 있는 학생에게는 의미 없는 작업이 될 것입니다. 200회 써도 외우지 못하는 학생에게는 부족할 것입니다. 우선, 학생들의 스타일이 다양하기 때문에 외우는 방법도 (각자에게) 적합한 방법이 있습니다. 획일적인 작업 과제를 제시하는 것은 효과적이지 못합니다. '신출 한자를 전원이 모두 외우도록 한다'는 과제의 경우, 자신에게 적합한 방법으로 외울 수 있습니다. 이미 외우고 있는 학생들은 남는 시간 동안 못 외우는 친구를 어떻게 하면 외우게 할 수 있을까 강구하게 됩니다. 변과 방으로 한자를 분해해서 설명하는 학생이 나타날지도 모릅니다. 문제를 만들어 내는 학생도 있을지 모르겠습니다. 과제의 설정에 따라서 그 깊이가 얼마든지 바뀔 가능성이 있습니다.

기본적인 과제가 발전적인 과제로

사회의 연호나 과학의 원소기호, 염색 반응은 종래의 암기 방법이 있습니다. 학생들 각자의 암기 방법을 생각하게 하는 것도 가능합니다. '가마쿠라 막부의 성립은 1185년이라는 것을 쉽게 외우는 방법을 생각한다. 그것을 학급 친구에게 설명하고, 공부가 되었다고 생각하는 사람으로부터 사인을 받도록 한다. 세 사람의 사인을 받도록 한다'와 같은 과제도 만들 수 있습니다.

나아가 단순히 글자를 합해서 만들지 않고, '1086년의 시라카와 원정(白河院政), 1185년 가마쿠라 막부 성립, 1192년 미나모토노 요리토모의 정이대장군의 3개의 연호를 관련시켜 외우기 쉬운 이야기(또는 그림)를 만든다'는 과제도 생각해 볼 수 있습니다. 또 영어에서 '복수형이 s로 끝나는 단어와 es로 끝나는 단어가 있는 것은 왜 그럴까? 그 이유를 모두가 이해할 수 있도록 설명한다'는 과제는 '신출 단어의 복수형과 단수형을 외운다'보다 상당히 고도의 과제가 됩니다.

포인트는 '모두'입니다. 예를 들면, '거꾸로 오르기가 가능하도록 된다'

는 과제를 '모두가 거꾸로 오르기가 가능하도록 된다'는 과제로 바꾸면 학생들에게는 고도의 과제가 됩니다.

계산문제를 잘하는 학생과 그렇지 않은 학생의 차이는 하늘과 땅만큼 큽니다. 잘하는 학생에 맞추면 그렇지 않은 학생은 반도 끝내지 못할 것입니다. 계산을 잘 못하는 학생들에게 '교과서 ~페이지부터 ~페이지까지의 홀수 번의 문제를 전원이 풀 수 있도록 한다'는 문제 수가 적당한 양이라고 합시다. 당연히 계산을 잘하는 학생에게는 부족하겠지요. 하지만 '모두'가 풀 수 있도록 되어야 하기 때문에 여러 친구들에게 푸는 방법을 가르치면, 작업량이 2배, 3배가 됩니다. 또한 다른 사람에게 가르치는 것이 자신의 공부에도 얼마나 도움이 되는지는 교사라면 잘 알 것입니다. 즉, 무리 없는 발전 과제가 됩니다.

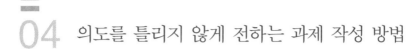

04 의도를 틀리지 않게 전하는 과제 작성 방법

멋진 과제가 아닌 오해가 생기지 않는 과제

함께 배움의 과제는 교과의 달인이 만든 것처럼 심오한 과제를 만들 필요는 없습니다. 하지만 학생들이 잘못 이해하지 않고, 교사가 요구하는 것이 무엇인가를 알게 하는 것이 필수입니다. 적어도 상위권 학생 2할 정도의 학생조차도 틀리게 이해했다면 그것은 과제가 나빴기 때문입니다.

한 학교에서 함께 배움 수업을 참관했습니다. '교과서 ○○페이지의 도형 A와 도형 B가 합동인 이유를 전원이 설명할 수 있도록 한다'는 과제가 제시되었습니다. 그런데 학생들 모두가 바로 끝내 버렸습니다. 그래서 그 선생님은 깜짝 놀랐습니다. 그 교과서에는 도형 A와 도형 B가 합동인 이유가 두 가지 쓰여 있었습니다. 그리고 제3의 이유에 대한 힌트가 적혀 있었습니다. 선생님은 '교과서 ○○페이지의 도형 A와 도형 B가 합동인 이유를 전원이 설명할 수 있도록 한다'는 과제로 '세 번째 이유를 이해하고 설명한다'는 것을 요구했던 것입니다. 세 번째 이유를 이해하는 것은 상당히 어렵습니다. 그런데 학생들 대부분은 세 가지 이유 중 가장 간단한 이유만 이해하고 설명하는 것으로 과제를 끝냈다고 판단한 것입니다. 그렇다면 교사와 학생들 중 누가 잘못한 것일까요? 교사입니다. '교과서 ○○페이지의 도형 A와 도형 B가 합동인 이유를 전원이 설명할 수 있도록 한다'는 과제는 한 가지 이유를 이해하고 설명하면 OK입니다. 따라서 학생들은 맞게 행동한 것입니다. 교사는 '교과서 ○○페이지의 도형 A와 도형 B가 합동인 이유를 전원이 3개 이상 설명할 수 있도록 한다'고 해야 합니다. 교사에게는 사소한 잘못이지만 과제를 하는 학생들에게는 큰 차이가 납니다.

오해가 생기지 않는 과제를 만드는 방법

먼저 '이 시간에 달성하고 싶은 것은 무엇일까?'를 노트에 써 주세요. 이때 '깊이 읽기'처럼 교사에게는 이해가 되지만, 학급 성적 상위 2할의 학생들에도 이해가 되지 않는 것은 안 됩니다. 그 경우 지금까지 어떤 흐름으로 수업을 전개했는지를 떠올려 보세요. 아마도, '본문 읽기', '신출 한자 확인', '단락 구분' 등을 했을 것입니다. 즉, 이 시간에 달성하고 싶은 것은 '~페이지부터 ~페이지까지를 읽을 수 있다', '신출 한자를 쓸 수 있도록 한다', '이 작품을 ~페이지 ○○행과 ~페이지 ○○행에서 단락 구분할 수 있다'가 될 것입니다.

다음으로, '이 과제를 달성했는가 아닌가의 기준은 무엇인가?'를 노트에 적어 주세요. 예를 들면 '~페이지부터 ~페이지를 읽을 수 있다'는 '~페이지부터 ~페이지를 틀리지 않고 한 번에 5분 30초 이내로 읽을 수 있다'와 같이 구체적으로 합니다. '신출 한자를 쓸 수 있도록 한다'는 '○○페이지에 정리되어 있는 새로 나온 한자를 바르게 읽고 한자를 쓸 수 있다' 등으로 합니다. '이 작품을 ~페이지 ○○행과 ~페이지 ○○행에서 단락 구분할 수 있다'는 '이 작품을 ~페이지 ○○행과 ~페이지 ○○행에서 단락 구분해야 하는 이유를 200자로 설명할 수 있다'와 같이 합니다.

함께 배움에서는 "자, 시작하세요"라는 말 이후에는 학생들이 서로 답을 체크합니다. 과제 만들기는 적어도 성적 상위 2할의 학생들이 이해할 수 있도록 명확하게 해야만 합니다.

05 평가와 과제를 일치시킨다

목표, 수업, 평가의 일치

'함께 배움에서는 평가를 어떻게 하면 좋을까요?'라는 질문을 받을 때가 적지 않습니다. 저는 '지금까지 그대로 좋습니다'라고 맥이 빠진 듯한 단순한 응답을 드립니다.

초등학교 선생님의 경우 시중의 평가지를 활용하여 평가를 하고 있을 것입니다. 그대로 하셔도 좋습니다. 중학교, 고등학교 선생님은 자작 평가 문항을 사용하여 성적을 내고 있을 겁니다. 그것 또한 그대로 좋습니다. 그럼 지금까지와는 무엇이 다를까요? 평가와 일상의 학습 과제가 일대일 대응하도록 일치시키는 것을 함께 배움에서는 중요하게 생각합니다. 그것을 확실히 하기 위해서는 단원의 최초(혹은 학기의 최초)에 무엇을 평가할 것인가를 정합니다.

교육에는 목표가 있고, 그것을 실현하기 위한 수업이 있고, 그 목표가 달성되었는가를 평가합니다. 따라서 목표와 평가를 일치시켜야 합니다. 목표를 평가와 확실히 일치시키려면 수업을 시작하기 전에 그것을 명확히 결정해야 합니다. 무심히 매일의 과제를 제시하고, 마지막에 평가를 만들다 보니(혹은 시중 문제집을 보니), 평가에 나오지 않는 것을 장시간 공부시켰거나, 거꾸로 평가에 나온 것을 공부시키지 않은 일이 발생할 수 있습니다. 그런 일을 피하려면 단원의 최초(혹은 학기의 최초)에 무엇을 목표로 할 것인가를 명확히 해야 합니다. 목표를 구현한 것이 평가이고, 날마다의 과제가 되는 것입니다.

효율을 높이는 방법

앞서 과제 만들기에서 언급한 바와 같이, 함께 배움에서의 과제 만들기는 수업의 달인이 하는 정도의 심오한 과제를 만들 필요는 없습니다. 그렇더라도 학생들이 오해하지 않고, 교사가 요구하는 것이 무엇인가를 알 수 있게 하는 것이 필수입니다. 적어도 학급에서 성적 상위 2할 정도의 학생들은 확실하게 알 수 있는 과제가 되어야 합니다.

평가는 날마다의 과제 축적이기 때문에, 당연히 그 정답은 상위 2할의 학생은 알 수 있도록 해야만 합니다. 그리고 날마다의 과제를 학생들이 전원 달성했다면, 전원이 정답을 알 것입니다. 때문에 날마다의 과제를 축적한 것이 평가가 됩니다.

거꾸로 말하면, 모두가 실제로 사용한 문항은 정답이 확실하다고 생각합니다. 그리고 학급 상위 2할의 학생들은 수업 전에도 정답을 확실히 알고 있을 겁니다. 때문에 평가 문항을 과제로 하면 좋습니다.

'수업하기 전에 평가를 먼저 만든다?', '평가로부터 매일의 과제를 만든다?'고 하면 처음에는 깜짝 놀라는 분도 적지 않을 것입니다. 하지만 목표와 수업과 평가를 일치시킨다는 당연한 일을 함께 배움에서 할 뿐입니다. 지금까지의 수업에서는 무심히 진행했지만 함께 배움에서는 그렇게 하지 않습니다. 왜냐하면 수업의 최초에 무엇을 해야 하는지를 학생들에게 오해 없이 전해야 하기 때문입니다. 결과적으로 목표와 평가를 의식한 수업을 하지 않으면 안 되기 때문입니다. 처음에는 서투를 수도 있지만, 한 번 익숙해지면 이것이 '정도'이고 매우 효율적임을 알게 될 것입니다.

06

외형을 약간 바꾼 과제 만들기

수치와 써넣는 위치를 바꾼다

보통의 수업에서는 풀 수 있던 문제가 교육청 테스트에서는 풀 수 없을 때가 있습니다. 그것은 능력이 없는 것이 아니라 문제 표현 방법에 익숙하지 않기 때문입니다.

가장 이해하기 쉬운 예는 도형을 사용한 문제입니다. 아래 그림처럼 정육면체의 부피를 구하는 문제에서 수치와 보조선의 위치만 바꾸어도 학생들은 혼동합니다.

• 정육면체의 부피를 구하시오. 답은 ( ) 안의 단위로 나타내시오.

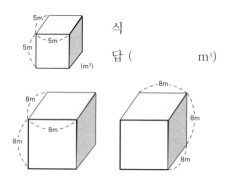

한 번 풀었던 문제도 수치를 바꾸어서 과제로 내면 제대로 이해했는지를 확인할 수 있습니다.

방향을 바꾼다

다음 도형처럼 도형의 방향을 바꾸면 꽤 많은 학생들이 혼동합니다.

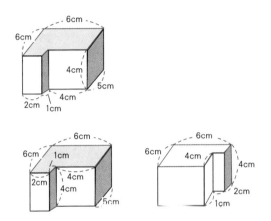

이런 것을 감안해서 일부러 변형된 과제도 포함시킬 것을 권합니다. 그 외에 '표현해 주세요', '고르시오' 등 문장의 미묘한 표현을 의식해서 다양하게 출제할 것을 권합니다.

사실 이런 표현은 사소한 것으로 교과의 본질과는 별개라는 생각이 들지만, 이런 것 때문에 어려워하는 학생이 있기 때문입니다. 이런 표현들에 익숙해지면, 보다 고도의 과제를 감당할 수 있는 학급으로 거듭날 것입니다.

07

국어과 과제 작성법

한자·기초문법부터

정답이 확실한 수학과 달리 국어의 과제 작성은 어렵다고들 하는데, 그렇지 않습니다. 오히려 단순하고 간단히 만들 수 있습니다.

확실히 국어 학습은 읽는 사람에 따라 해석이 다르고, 어느 것이 정답이고 어느 것이 오답인지 분명하지 않을 수도 있습니다. 하지만 국어 학습의 대부분은 그렇지 않습니다.

시중의 국어 문제집을 보면 확실히 그렇습니다. 국어 학습의 내용에는 한자 읽기와 쓰기, 기초문법, 독해 등이 포함됩니다. 한자 읽기와 쓰기, 기초문법은 정답과 오답이 분명합니다. 따라서 한자 읽기와 쓰기는 '신출 한자를 쓸 수 있도록 한다'고 하면 좋습니다.

또 '아버지는 친구에게 전화했습니다'의 주어, 술어, 수식어를 판단하는 과제의 경우, "위 문장의 주어는 '아버지', 술어는 '전화했습니다', 수식어는 '친구에게'인 것을 모두가 이해할 수 있도록 설명한다"라고 하면 좋습니다.

그러면 '독해' 과제를 어떻게 하면 좋을까요? 그것도 완전히 동일합니다. 예를 들면 '작은 소녀의 그림자'에서 '작은 소녀는 어떻게 해서 일어났습니까?'라는 문제가 시중 문제집에 있다고 합시다. 이 경우 "'작은 소녀는 어떻게 해서 일어났습니까?'라는 문제의 답은 '후들후들 떨리는 다리에 힘을 주어서'임을 모두가 이해할 수 있도록 설명한다"라고 하면 됩니다.

그 답은 '작은 소녀는 어떻게 해서 일어났습니까?'라는 문제의 문장으로부터 '작은 소녀'와 '일어났다'는 키워드를 발견하고, 제시문 속에서 그것을 찾아냅니다. 그리고 '후들후들 떨리는 다리에 힘을 주어서'를 찾아냅니다. 이와 같이 패턴화된 해답을 찾는 법은 국어과에는 몇 개가 있습니다. 가능한 학생은 그것을 알아차리고, 모르는 학생은 이들로부터 배움으로써 패턴화된 학습을 할 수 있습니다.

다음 단계로 나가기 위해서

여기서 제시한 것은 패턴에 불과하지만 국어 학습에서 묻고 있는 읽기의 많은 부분은 이와 같은 패턴입니다. 대학입시를 준비하는 학원 유명 강사의 책에는 그와 같은 패턴으로 대학입시 문제의 많은 것을 해결할 수 있다고 쓰여 있습니다.

물론 국어 학습을 그것에 국한해서는 안 됩니다. 그러나 학급 학생 모두가 이 수준을 이해하는 것이 다음 단계로 나갈 수 있는 최소 조건이 아닐까요?

저는 수업 참관할 때 교실 뒤쪽이 아닌 앞에서 참관합니다. 왜냐하면 저는 학생들의 눈을 보고 싶기 때문입니다. 교실 앞문에서 교실을 둘러보면 여러 가지가 보입니다. 국어 교사들이 절찬하는 연구수업을 교실 앞에서 보면, 그 내용에 대해서 매우 한정된 것만을 다루고 있음을 알 수 있습니다. 그리고 일부의 학생만이 수업협의회에서 교사가 말하는 것과 같은 것을 말합니다.

정말로 재미있는 수업은 교사도 생각하지 못한 신선한 접근으로 작품을 읽어 내는 다양한 독자에 의해 생겨납니다. 패턴 수준을 넘어선 다양한 학생들이 읽기 수업에 참가한다면, 매우 재미있는 수업이 될 것입니다.

08 사회, 과학 과제 작성 방법

용어 먼저 확인

과학, 사회 등에서는 단원명을 쓰고, 그것을 정리하는 과제가 있습니다. 예를 들면 "교과서 ○○페이지~○○페이지의 '3인의 장군'을 공책에 정리하시오. 그리고 정리한 것을 친구에게 설명하시오. 또 친구의 설명을 듣고 더 좋게 만드시오"라는 과제를 내줍니다.

학생이 어려워하는 가장 큰 원인은 용어입니다. 교사에게는 간단한 용어인데 어려워합니다. 위와 같은 과제를 해결하는 모습은 보통의 함께 배움 모습과는 상당한 차이가 있습니다.

이 경우 책상을 붙여서 4명 정도의 그룹을 만듭니다. 그리고 가장 먼저 교과서를 읽게 합니다. 예를 들면, 한 사람이 한 단락씩 읽어 가며 단어 중에서 모르는 것이 있는지를 확인합니다. 모르는 것이 있으면 아는 학생이 설명합니다. 아무도 아는 사람이 없으면 국어사전을 펼칩니다. 저학년이어도 집에 국어사전이 있는 경우가 있습니다. 조사할 필요가 있으면 학생은 부모에게 물어봅니다. 때문에 교사가 가르치지 않아도 저학년 학생도 사전을 사용할 수 있습니다.

사전을 찾아봐도 모르면 자료집, 그래도 모르면 도서실에 갑니다. 그리고 다른 그룹으로 정보를 수집하러 갑니다. 이렇게 해야 한다는 것을 교사가 말하지 않아도 하게 됩니다. 왜냐하면 그것이 유용하기 때문이지요.

단지 기초적인 부분을 빠뜨리지 않도록 문제집 등을 병용해 주세요. 예를 들면 "교과서 ○○페이지~○○페이지의 '3인의 장군'을 공책에 정리……. 또 문제집 ○○페이지의 '3인의 장군' 부분의 문제를 전원이 풀 수 있도록 한다"와 같은 과제로 해 주세요.

함께 배움의 노트 지도

아마 교과서에 나와 있는 단어 확인에 10분 정도는 걸립니다. 그리고 학생들은 각자 자기 노트에 자기 나름의 여러 가지 방법으로 정리해서 적을 것입니다. 노트에 전혀 적지 못하는 학생도 있을 것입니다. 그러면 '확실히 노트 정리 지도를 하지 않으면 안 되겠다'는 생각이 들 것입니다. 그러나 교사가 노트 정리법을 가르치지 않더라도 학생들끼리 교류하는 중에 해결됩니다. 학급 학생 모두가 노트 정리법을 모르고, 외워서라도 해결할 수 없는 과제는 전원이 달성할 수 없다는 것을 알고 있기 때문입니다.

노트 정리를 할 수 있는 학생이 그렇지 못한 학생들에게 조언합니다. 그룹 구성이 자유롭게 되면, 가르치는 학생도 때에 따라 바뀝니다. 다양한 노트 정리 방법을 시도하고, 취사선택하면서 자기 나름의 노트 정리 방법을 배웁니다. 그 변화 과정을 분석해 본 적이 있는데, 흡사 생물의 진화와 같았습니다. 교사가 노트 지도를 일률적으로 하면 학생들이 자신에게 맞지 않더라도 그 지도에 따라야만 하지만, 학생들끼리의 교류를 통한 방법은 취사선택이 가능합니다.

　이때 주의할 점이 있습니다. 노트 정리 시간을 정하지 않으면 상위권 학생들은 끝없이 자세하게 노트 정리를 합니다. 색이나 그림에 정성을 들입니다. 그래서 교류 시간에 방해가 되기도 하지요. 글자 수나 쪽수를 제한해 주세요. 글자 수는 교사가 실제로 써 보고 결정합니다. 또, 꼭 필요한 키워드가 있는 경우 '○○, ○○, ○○'라는 단어를 사용해서 400자 정도로 정리하시오'라고 하면 됩니다.

과학 실험의 과제 작성법

과학적인 방법의 프로세스

'가설이 설정되고, 그것을 바탕으로 실험이 실시되며, 그 결과에 의해 검증되고, 다음 가설이 설정된다'고 하는 프로세스가 과학 수업에서는 중요하다고 생각되어 왔습니다. 예를 들어 전류와 전압 관계를 실험하는 경우, 학생들에게 발문하여 학생들로부터 "전류와 전압의 관계는 원점을 지나는 비례관계"라는 가설을 도출합니다. 그 가설에 근거해서 실험이 시작되고, 실험 후에는 데이터를 검토합니다.

그런데 함께 배움에서 전류와 전압의 관계를 실험하는 경우, 수업 초기에 "전류와 전압의 관계는 원점을 지나는 비례관계임을 실험을 통하여 증명하라"라는 과제를 냅니다. 이처럼 답을 먼저 알려 주고 그것을 확인하는 실험을 '요리책 타입의 실험'이라며 하지 말라고 합니다.

이상하지 않습니까?

자연현상을 학생들에게 보이고 그 원인이 무엇인지 알아보는 가설을 학생들에게 15분 정도에 만들게 하는 경이적인 현상이 일본 전체의 교실에서 일어나고 있습니다. 이상한 생각이 들지 않습니까?

우리는 늘 자연현상을 관찰합니다. 물건이 떨어지는 것은 인류가 유인원 시대 이전부터 관찰해 왔습니다. 밀폐된 곳에서 불이 꺼지는 것을 본 사람은 헤아릴 수 없을 정도입니다. 만약 초·중학생이 15분 정도로 가설 설정이 가능하다면, 과학의 진보는 수백 배, 수천 배 빠를 것입니다. 자연현상을 보고 가설 설정이 가능할 정도로 과학은 쉽지 않습니다.

그렇다면 왜, 자연현상을 학생들에게 보이고, 무엇이 원인인가라는 가설이 15분 정도에 도출되는 경이적인 현상이 일본의 모든 교실에서 일어나고 있는 것일까요? 두 가지를 생각해 볼 수 있습니다.

첫째는 교과서의 다음 페이지를 읽어 본 학생이 있기 때문입니다. 둘째는 듣고 싶은 답과 거의 같은 것을 교사가 학생들에게 미리 말하여, 학생들이 가설을 설정한 것처럼 위장한 것입니다.

어떤 학급에서 일어난 일입니다. 교사가 넓은 주둥이 병 속에 불을 켠 초를 넣고 유리판으로 뚜껑을 덮습니다. 잠시 지나자 촛불은 꺼집니다. 그 후 "왜 촛불이 꺼졌습니까?"라고 발문합니다. 몇몇 학생들을 지명하면, 마지막으로 어떤 학생이 "불이 타면, 타는 공기가 타지 않는 공기로 변합니다"라고 응답합니다. 그 가설에 기초해서 실험이 실시되었습니다. 그 발언을 한 모둠을 관찰해 보았더니, 그 학생은 '산소'나 '이산화탄소'라는 단어를 자연스럽게 사용하고 있었습니다. 아마도 아직 교사가 가르치지 않은 '산소'나 '이산화탄소'라는 단어를 사용하면 교사가 곤란할 것을 알아차려서 '타는 공기', '타지 않는 공기'라는 단어를 사용한 것입니다.

자, 이와 같은 '발견극'을 교사나 학생들이 연기하는 것이 과학적 방법의 프로세스인가요? 분명히 아닙니다. 그러면 어떻게 할까요? 교과서의 다음 페이지에 있는 것을 발견(?)하는 게 아니라, 학생 모두가 모르는 것을 발견해야 합니다.

예를 들어 "전류와 전압의 관계는 원점을 지나는 비례관계임을 실험을 통하여 모두가 이해되는 설명을 한다"와 같이 하면 됩니다. 실험 결과에는 오차가 포함되어 있습니다. 당연히 원점을 지나는 비례관계가 될 수 없습니다. 그 결과를 서로 비교해 가면서 원점을 지나는 비례관계임이 이해되는 설명을 생각할 것입니다. 교사조차 모르는 과제입니다.

10 고도의 과제를 만드는 방법(수학)

답을 제시하고 그것을 과제로 합니다

앞에서 기술한 것처럼 현대 일본에서는 학습지도요령을 기준으로 만든 과제라면, 학원, 예비교, 통신 교재 등에서 이미 공부를 끝낸 학생이 있습니다. 그런 학생이 없어도 교과서를 읽어 보면 알 수 있는 학생이 있습니다. 그런데 드물게는 학습지도요령을 기준으로 만든 교과서나 시중 문제집에도 학급 학생 모두가 모르는 것이 있을 수 있습니다. 이 경우는 답을 알려 주고 왜 이 답이 나왔는지를 알게 하는 과제 제시 방법이 있습니다.

예를 들면, 시중 문제집에 있는 다음과 같은 문제에서 답을 표시합니다. 그리고 그 답을 모두가 이해하도록 설명할 것을 요구합니다. 그러면 매우 다양한 설명이 나타납니다. 세 사람의 설명을 듣는 중에 자기 나름의 설명을 만들 수 있게 되고, 이해하게 됩니다.

• 아래 두 사각형은 합동입니다.

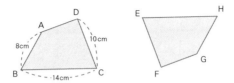

① 각 A에 대응하는 각은 어느 것입니까?

• 아래 두 사각형은 합동입니다.

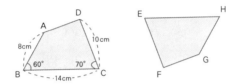

① 각 A에 대응하는 각은 각 G임을 이해할 수 있도록 친구에게 설명합니다. 친구들이 인정하면 사인을 받습니다. 세 사람의 사인을 받습니다.

빈칸에 답을 넣으면 과제가 됩니다

아래와 같은 문제도 계산 자체는 가능하더라도 설명하는 것은 꽤 어려운 문제입니다. 이것도 매우 다양한 설명이 나타납니다.

• 잘 생각해서 계산합니다. ▨에 알맞은 수를 써넣으시오.

① $9.2 \times 4 \times 2.5$

   = $9.2 \times ($ 4 $\times 2.5) =$ 92

         ↓

$9.2 \times 4 \times 2.5$의 계산은

$9.2 \times (4 \times 2.5)$처럼 계산하면 쉽게 할 수 있음을 모두가 이해할 수 있게 친구 세 명에게 설명해서, 인정을 받고 확인 사인을 받으시오.

이처럼 답을 먼저 제시하고, 그 답에 이르는 과정을 생각하게 하는 것은 수학뿐만 아니라 고도의 생각이나 판단을 요구하는 과제에 매우 유용한 방법입니다.

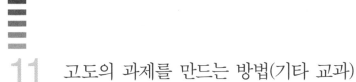

11 고도의 과제를 만드는 방법(기타 교과)

작가의 느낌을 묻는 과제는?

'작가의 느낌이 가장 잘 나타난 부분은 어디인가?'와 같이 다양한 발상이나 설명이 가능한 과제도 있습니다. 이 경우는 한자 쓰기나 단순한 문법과 달리 여러 가지 발상·설명이 가능합니다. 그것으로 OK라면 좋겠지만, 대체로 그렇지 않습니다. 다양한 발상·설명이 수습되지 않는 경우에 지금까지는 교사가 강제로 한 개로 정리했을 것입니다.

혹시, 자유롭게 발상하게 해서 마지막에 강제로 정리하는 정도라면, 최종적인 결론을 확실하게 보이고 수렴시키는 쪽이 더 좋습니다. 예를 들어 "'작가의 기분이 가장 잘 나타난 곳은 ○페이지의 ○단락으로, 그 이유는 ○○이다'는 것을 모두가 이해하도록 설명할 수 있다"와 같이 확산하지 않고 수렴하면 됩니다. 다양한 의견을 지닌 학생들이 서로 토의하는 과정에서 깊이 읽기가 가능해집니다.

자료 독해를 묻는 과제 작성법

사회과에서는 자료를 읽어 내는 문제가 적지 않습니다. 예를 들면 A현의 1984년 공업 생산 그래프(자료 1), 1999년 공업 생산 그래프(자료 2),

공업 생산별 수출과 수입 비율 그래프(자료 3) 등의 다섯 개 자료가 제시되고, "A현의 주요 공업 생산은 무엇인가?"라는 문제에서 그 대답이 기계공업이라고 합시다. 이것을 과제로 하는 방법은 "A현의 현재 주요 공업 산업은 기계공업으로, 그것을 자료 2에서 알아내서 학급 친구 3명에게 이야기하여, 이해할 수 있게 설명하시오"라는 과제를 만들 수 있습니다.

또 5개의 자료에서 알아낼 수 있는 것을 4개의 선택지가 있다고 합시다. 그리고 2와 4가 정답이라면 이 경우 과제는 다음과 같습니다.

"5개의 그래프로부터 생각할 수 있는 것은 4가지의 선택 항목 중에서 2번과 4번입니다. 1번과 3번은 아닙니다. 그것을 모두가 이해할 수 있게 친구 3명에게 설명하여 사인을 받습니다."

빈칸 채우기 문제로,

"일본의 강은 비교적 짧고, 경사가 (   )합니다. 그렇기 때문에 큰비가 내리면 (   )가 날 위험성이 있습니다. 하지만 우리나라 국토의 대부분은 (   )으로 덮여 있어서, 이것이 (   )의 역할을 하고 있습니다"의 정답은 '급', '홍수', '산림', '녹색댐'입니다.

이 경우 과제는 "'일본의 강은 비교적 짧고, 경사가 급해서 큰비가 내리면 홍수가 날 위험성이 있습니다. 하지만 국토의 대부분이 산림으로 덮여 있어 이것이 녹색댐의 역할을 하고 있습니다'를 친구들이 알기 쉽게 설명할 수 있도록 하시오." 또는 "경사, 산림, 홍수, 녹색댐의 4개 단어를 사용하여 일본 강의 특징과 산림의 역할을 150자 이내로 설명하시오"와 같은 과제를 만들 수 있습니다.

어느 것이나 최종적인 답이 무엇인지 직접적으로 알려 주는 방법으로 과제를 만듭니다. 이런 방법으로 하면 학생들이 어떤 방식으로 이야기를 하더라도 확실한 답으로부터 벗어나지 않습니다.

12 독창적인 작품을 만드는 과제 작성 방법

독창적인 작품을 만들게 하고 싶을 때에는

독창적인 작품을 만들어 내는 과제가 있습니다. 그때는 이렇게 말하면 좋습니다.

어떤 것이라도 좋습니다. 아무리 사소한 것이라도 좋습니다. 모두가 서로 다른 자신만의 방법을 궁리해서 만들어 주세요. 그리고 다른 사람과 어디가 다른지, 어떤 의미가 있는지 학급 친구들에게 설명해 주세요. 전원이 다 그렇게 해야 합니다. 이것이 과제입니다.

수업 중에는 "자신의 것이 다른 친구들과 어떻게 다른지 알기 위해서는 다른 친구가 어떤 궁리를 했는지를 알아야만 합니다. 사람이 생각하는 것이라 겹치는 부분이 많은 것은 당연하지요. 하지만, 꼭 같지는 않지요. (다른 친구의 것들을) 자꾸자꾸 알아 가면서 자신의 궁리가 다른 친구들과 어떻게 다른지를 발견하세요. 물론 자신의 머릿속에서 맴돌고 있는 무언가를 발견하기 위해서 다른 친구들과 이야기하는 것도 매우 좋습니다"라고 언급합니다.

이렇게 하면 다른 친구의 것을 그대로 베끼지 않을까, 독창성을 발휘하려면 친구들과 교류시키지 않는 것이 더 좋지 않을까 등 염려하는 분도 있을 것입니다. 하지만 그런 일은 없을 것입니다.

여러분이 모임의 간사이고, 모두가 '앗' 하고 놀라는 연회를 기획한다고 생각한다면, 아마도 선배 간사로부터 여러 가지 정보를 얻겠지요. 그런데 선배 간사에게 얻은 작년의 기획을 그대로 한다면 신선미가 없고, 아마도 모두가 '앗' 하고 놀라지도 않을 것입니다. 무엇보다도 자신이 만족하지 못할 것입니다. 학생들도 마찬가지입니다.

독창성을 보장하기 위해서는

학생들의 독창성은 교류를 차단하면 보장되지 않습니다. 학생 자신이 독창적으로 만들고 싶다는 소망을 하게 되면 좋습니다. 수업 중 '이 시간에 어떻게 해서라도 끝내주세요'가 아닌, 자신이 만족할 수 있는 작품을 만들고 싶도록 해 주세요. 학생들이 그런 소망을 지니면 아무리 교류를 하더라도 독창성은 손실되지 않습니다. 오히려 다른 친구들의 정보를 얻으면 얻을수록 자신만의 독창성을 높이기 위해서 머리를 쓰게 됩니다. 학생들의 개성을 확보하기 위해 서로 배우는 것을 제한하는 것은 하책 중의 하책입니다.

어떤 학생이 교생 실습에서 돌아와서 재미있는 에피소드를 들려주었습니다. 학생이 모르는 것을 친구에게 묻고 있는 장면입니다. 처음에는 열심히 묻고, 보충 질문도 합니다. 하지만 알아차리기 시작하자 "잠깐, 잠깐, 더 이상 말하지 마"라고 가르쳐 주는 사람을 막습니다. 스스로 할 수 있는 것은 자기가 하고 싶은 것이겠지요. 생각해 보면 당연합니다. 추

리소설을 읽기 시작하는 사람에게 '범인이 누구인가 알려 줄까?'라고 하면 좋아할 사람이 있겠습니까?

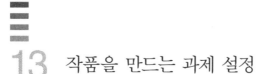

13 작품을 만드는 과제 설정

누구를 위한 작품인가?

지난 1년 동안에 쓴 글과 만들었던 물건을 생각해 보세요. 대상을 정하지 않고 쓰거나 만들었던 것이 있나요? 목표를 정하지 않고 쓰거나 만들었던 것이 있나요? 아마도 없을 것입니다. 예를 들면 선생님들이 기획에 찬성하도록 하기 위해 회의 자료를 만들었겠지요. 학부모에게 보내는 가정통신문도 그렇습니다. 교육청에 보내야 할 방대한 서류들은 그 전형입니다.

학생에게 쓰도록 하는 작문은 어떻습니까? 학생은 누구에게 보이기 위해서 글을 쓸까요. 아마도 선생님이 읽을 것이라고 생각하지만, 누가 읽을 것인가를 명확하게 하지 않았을 것입니다. 초등학교 저학년 학생이라도 대상을 담임, 교장, 부모님, 동급생, 하급생으로 바꾼다면 그것에 맞추어 각각 다른 글을 쓸 것입니다. 그리고 이것은 성인이 되었을 때 필요한 능력입니다.

독서 감상문에서는 다른 사람이 그 책을 읽고 싶은 마음이 들도록 글을 쓰게 하는 것이, 마음을 울리는 글을 쓰라고 하는 것보다 더 좋은 방법일 것입니다. 교통안전 포스터의 경우, 우리 학교 저학년 학생들이 교통규칙을 지켜야겠다고 생각하도록 하는 포스터를 만들게 하는 것이, 교통사고를 없애는 포스터를 만들게 하는 것보다 더 의욕이 생기게 합니다. 이와 같은 과제라면 학급 친구들에게 자신의 글을 읽게 하거나 하급생에게 자신이 만든 포스터를 보여서 평가받을 수 있을 겁니다.

대상을 의식하게 하는 이야기

문집을 예로 들어 보겠습니다. 문집을 만들어 학생들에게 배부했을 때를 떠올려 보세요. 문집을 펼친 학생은 문집의 어디를 볼까요? 자기 글이겠지요. 그다음 그 학생은 다른 학생의 글을 읽어 볼까요? 아닐 것입니다. 그렇다면 굳이 문집을 만들 필요가 있을까요? 그냥 각자의 작품을 주면 되겠지요.

학생들이 글을 쓸 때, 누구를 대상으로 쓸까요? 누구의 눈을 의식해서 쓸까요? 학생은 교사를 의식하는 것은 아닐까요?

문집을 배부하거나 작품을 전시한 그다음 날에 이렇게 말해 주세요.

문집은 읽었지요? 누구 글을 읽어 보았나요? 자신의 글을 읽었겠지요. 친구 세 사람 이상의 글을 읽은 사람은 손을 들어 보세요. 친구 열 사람 이상의 글을 읽은 사람은 손을 들어 보세요. 학급 친구 전체의 글을 다 읽은 사람이 없는 까닭은 무엇일까요?

애초에 자기 글이나 몇몇 친구의 글만을 읽기 위한 것이라면 문집을 만들 필요가 없습니다. 전체의 글을 모두가 다 읽기 위해서 문집이 있는 겁니다. 선생님이 '내가' 아닌 '전체의 글을 모두가' 읽는 것을 목표라고 말했습니다. 그런데 왜 '전체의 글'을 읽지 못한 것일까요? 함께 배움에서는 항상 '모두가 전부를' 하는 것입니다. 이것을 마음에 담아 다음에는 모두의 글 전부를 읽읍시다.

교사는 테크닉으로 좋은 것을 만들어 내려고 하지만, 가장 중요한 것은 모두를 '불타게 하는' 과제입니다. 그것만 있으면 방법은 학생이 생각합니다. 학생과 교사를 교사와 교장의 관계로 바꾸어 생각해 보면 자명하겠지요.

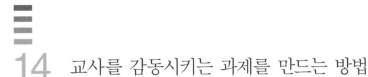

14 교사를 감동시키는 과제를 만드는 방법

교사가 만드는 과제

'다이조 할아버지와 기러기'는 초등학교 5학년 국어 교과서에 나오는 이야기로 국어과의 정평이 난 제재입니다. 간단히 소개하면 사냥꾼 할아버지(다이조)와 기러기 무리 리더(잔세츠)의 지혜 대결 이야기입니다. 늙은 사냥꾼 다이조는 여러 가지 방법으로 잔세츠를 잡으려고 하지만, 영리한 잔세츠는 잡히지 않습니다. 여러 가지 사건 후에 다이조는 부상당한 잔세츠를 간호한 후 날려 보냅니다.

경험이 적은 교사의 경우, '왜 할아버지는 잔세츠를 잡지 않았을까?', '할아버지가 잔세츠를 잡지 않기로 했을 때 어떤 감정이었을까?' 등의 발문을 합니다. 이런 종류의 발문은 곧바로 답이 나오거나 끝이 없는 발문이 되어 버리기 쉽습니다.

학생이 만드는 과제

어떤 교사는 함께 배움에서 학생들에게 이 단원의 과제를 만들라는 과제를 제시했습니다. 처음에는 경험이 적은 교사와 같이 '왜 할아버지는 잔세츠를 잡지 않았을까?', '할아버지가 잔세츠를 잡지 않기로 했을 때 어떤 감정이었을까?'라는 과제를 생각했습니다. 그런데 한 학생이 '할아버지가 잔세츠를 총으로 잡지 않겠다고 결정한 것은 언제인가?'라는 문제를 생각했습니다. 이 문제라면 아래와 같이 몇 가지 논쟁할 점을 제시할 수 있습니다.

① 닭이 매에게 공격을 받은 순간
② 닭을 돕기 위해서 잔세츠가 되돌아온 순간
③ 땅에 떨어진 잔세츠의 모습을 본 순간
④ 상처를 치료하면서 생활하던 어느 날

이러한 논점을 분석하기 위해서는 이야기의 '산'과 '나무'를 동시에 보아야 합니다. 순식간에 학생들은 이 문제에 몰입하여 학생 전원이 토의에 참여하게 됩니다. 다만 책상을 ㄷ자 모양으로 배치하고 교사가 사회를 보는 질서 정연한 토의 모습은 아닙니다. 교실에 몇 개의 그룹이 생기고, 합치고, 나뉘고, 사라집니다. 그 속에는 주도적으로 토의하는 학생이 있는 반면 그 이야기를 들으면서 자신의 생각을 정리하는 학생도 있습니다. 그것을 듣고 다른 그룹으로 가서 토론하기도 합니다. 그 움직임은 마치 아메바와 같습니다.

다른 교과에서도 단원평가 문제를 학생들이 만들게 해 주세요. 멋진 과제가 될 것입니다. 그리고 그다음 해에는 '작년에는 이런 과제가 나왔는데 이것보다 더 멋진 과제를 만드세요'라고 말하면 됩니다.

우리 교사들은 '자기 직업'의 세계에 젖어 있습니다. 언제부터인지 자신도 모르게 발상이 고정되어 버립니다. 학생들의 자유로운 발상에서 배울 점이 많다고 생각합니다.

교사는 자료와 씨름하는 것이 지금까지의 교재 연구였습니다. 함께 배움에서는 학생들의 다양한 모습, 그것도 자연스러운 모습을 찬찬히 살펴볼 수가 있습니다. 이런 관찰에서 학생들이 정말로 무엇을 모르는지를 알게 될 것입니다. 함께 배움에서는 학생들의 모습을 관찰하는 것이 교재 연구입니다. 그 관찰을 바탕으로 보다 더 의욕적이고 보다 더 높은 곳으로 나아가게 할 수 있습니다.

15 전원 달성을 추구하는 학생이 되게 한다

이름표를 사용한 테크닉

주 1회 정도의 함께 배움에서는 학생들이 학급 학생 모두라는 시점에서 보지 못합니다. '모두'라고 하더라도 가까운 4, 5인 정도밖에 의식하지 못하는 학생이 많습니다. 그 결과 누구한테도 지원받지 못한 학생이 생길 가능성이 있습니다. 그것을 피하기 위해서 이름표를 사용한 방법이 있습니다.

구체적으로 칠판에 '과제 달성'이라고 쓰고, 큰 원을 그립니다. 원 밖에 학생 전원의 자석 이름표를 붙입니다. "과제를 다 한 사람은 여기에 이름표를 붙여 주세요. 모두가 붙일 수 있도록 노력합시다"라고 말합니다(앞과 뒤의 색이 다른 자석 이름표를 과제를 달성하고 나서 뒤집어 붙이는 방법도 있습니다).

사진은 복수의 학급이 함께 배움 수업을 할 때의 모습입니다.

수업 중에, "자, 칠판을 봅시다. 아직 다 하지 못한 친구가 있습니다. 누구인가~? 모두가 다 하는 것이 목표입니다", "5분 남았습니다~!"라고 말하며 전원이 과제를 달성하도록 촉구합니다. 그러면 칠판에 와서 누가 못했는지를 체크해서 그 아이를 도와주러 가는 학생이 나오겠지요. 이 학생은 칠판을 보면서 "아직 ○○ 가 다 하지 못하고 있으니 누가 가서~!"라고 말할 겁니다. 이렇게 되면 좋습니다. 칭찬해 주세요. 따라 하는 학생이 자꾸자꾸 등장할 것입니다.

이 경우 자기 아이만 이름표를 옮겨 붙이지 못하는 것을 걱정하는 학부모도 있기 때문에 학부모 참관 수업에서는 사용하지 않는 배려가 필요합니다.

전원 달성을 추구하기 위한 활동 사례

전원 달성을 위해 어떻게 하면 좋을지 학생들이 자유롭게 쪽지에 써 넣는 방법도 있습니다. 서로의 노력을 함께 알기 위함인데 의욕을 샘솟게 하는 유효한 방법입니다. 이것은 상당한 효과가 있습니다. 하지만 테크닉에 불과합니다. 사실은 "누구 모르는 사람 있니?"라고 물으며 학급을 돌아다니는 7, 8명이 있는 것을 목표로 하면 됩니다. 그리고 가르쳐 달라고 외치는 학생이 나오는 것을 목표로 해야 합니다. 나아가 '아, 이 과제라면 나는 바로 해결할 수 있겠네. ○○과 △△는 이 과목을 잘 못 하니 나도 하면서 도와줄 수 있도록 내 옆에서 하게 해야지'라는 생각처럼 교사의 시점에서 수업을 바라보는 학생이 나타나도록 하는 것을 목표로 합니다.

16 시간이 부족할 때의 대응책

연장해서는 안 됩니다

함께 배움에서 과제의 양은 교사가 실제로 해답을 써서 10분 정도에 해결 가능한 양이 적당합니다. 교사가 만든 과제의 양이 항상 적당하다고는 할 수 없습니다. 실제로 해 보니 성적이 좋은 학생에게도 20분 정도 걸릴 때가 있습니다. 이렇게 되면 전원 달성이 꽤 힘들어집니다.

이런 상황이라면 수업의 마무리 단계에서 '그러면 한 시간 더 주겠습니다'라고 말하고 싶겠지만, 연장하면 절대로 안 됩니다. 1시간이 아니라 5분도 안 됩니다. 처음에 말한 시간이 되면 아무리 끊을 수 없더라도 그대로 마감해 주세요.

완성하지 못했을 때 선생님이 한 시간을 더 준다고 하면 학생들은 마음이 헐렁해집니다. '5분 남았지만, 다음 시간에 하면 되겠지'라고 생각해 버립니다. 교사 자신의 과제 설정이 잘못되었다는 생각이 들더라도 결코 시간을 더 주어서는 안 됩니다. 그리고 그다음을 진행하고 이렇게 말해 줍니다.

오늘은 전원 달성이 되지 못했습니다. 그것은 여러분에게 무언가 부족했기 때문입니다. 여러분이 할 수 있는 것 전부를 발휘해서 전원 달성을 목표로 노력해 주세요.

모르는 학생이 있는데 다음을 진행하는 것은 힘들다고 생각합니다. 하지만 그렇다고 해서 시간을 연장해 주는 것은 임시방편에 불과합니다. 함께 배움에서 육성하고 싶은 것은 어떤 일이 있어도 서로 도와주는 집단입니다. 많은 노력이 필요합니다.

어떻게 하면 좋을까?
위와 같은 상황의 대응책은 사전 예고입니다. 다음 날의 과제를 정할 때 이렇게 말합니다.

다음 시간에는 함께 배움 수업인데, 미리 과제를 알려 줍니다. 예습해도 좋습니다. 예습했으면 어디가 어려웠는지를 확실히 알아서 수업에 임합니다. 선생님이 '자, 시작하세요'라고 말한 다음부터 (서로) 가르칠 수 있습니다. 전원 달성을 위해서 모두가 모든 힘을 다해 노력해 주세요.

그리고 다음 날 수업에 예습해 온 친구가 있으면 칭찬합니다. 반드시 따라 하는 학생이 나타납니다.
한 걸음 더 나아가 단원 단위로 과제 일람표를 만들어 사전에 배부합니다. 그렇게 하면 교사가 사전에 과제를 설명하는 시간을 생략할 수 있습니다. 학생들이 노트에 과제를 적는 시간도 절약할 수 있습니다. 그러면 5분 더 길게 학생들에게 시간을 줄 수 있습니다. 과제를 미리 배부함으로써 예습하는 학생들이 자꾸자꾸 늘어납니다. 학생 모두가 예습해 오게 되면 지금까지 2시간 걸리던 과제가 1시간으로 끝납니다.

혹시 8시간 예정인 단원인데 4시간쯤 해 보니 '이 단원은 6시간 정도면 끝낼 것 같다'는 생각이 들면 이렇게 말합니다.

미안해요. 선생님이 여러분의 실력을 얕보았네요. 여러분이라면 6시간이면 가능할 것 같습니다. 6시간에 완성하기를 바랍니다.

단원의 과제를 미리 예고하면, 성적이 좋은 학생 중에 단원의 모든 과제를 끝내고 나서 다른 친구를 가르치는 학생이 나타납니다. 이렇게 되면 과제를 풀 수 없는 학생은 수 시간 동안이나 원조를 받지 못합니다. 물론 과제 달성도 할 수 없습니다. 이러한 것을 피하기 위해서 이런 일이 일어날 수 있음을 알리고 어떻게 하면 좋을지 생각하게 합니다.

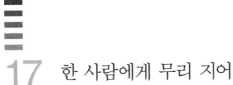

17 한 사람에게 무리 지어 모여 있는 것을 막는 방법

한 사람만 완성하지 못하고 주위의 학생들은 놀기 시작하면

함께 배움이 어느 정도 진행되면, 한 사람만 못 끝내고 그 아이 주변으로 많은 학생들이 무리 지어 가르치려고 하는 모습이 나타납니다. (나머지) 대부분은 무료해서 놀기 시작합니다. 그리고 그 학생은 결국 달성하지 못합니다. 왜 이런 일이 일어날까요?

이런 상황의 교실 모습은 어떨까요. 먼저 성적 상위자가 수업 시작 후 10분 정도에 완료합니다. 이들은 가까운 친구들을 가르칩니다. 이 친구들은 중위 혹은 그 이상일 것입니다. 때문에 한두 마디 하면 바로 알아차립니다. 순식간에 해결한 친구가 늘어나고, 이들은 중위권, 하위권 학생들을 가르칩니다. 아까보다는 시간이 걸리지만 이윽고 알게 됩니다. 이렇게 해서 종료 약 10분 전에는 학급 대부분의 학생이 과제를 해결한 상태가 됩니다. 그리고 매회 마지막까지 남는 학생에게 가는 시간은 마지막 약 10분 정도입니다. 그런데 마지막까지 남는 학생을 알게 하는 데에는 시간이 걸립니다. 10분 정도로는 부족합니다.

왜 이런 일이 일어날까요? 가르칠 수 있는 학생이 손을 뗏기 때문입니다. 최후까지 남은 학생에게 설명하는 것은 매우 힘듭니다. 그것에 비해서 중위 이상을 가르치는 것은 재미있습니다. 바로 '알았다!'고 말하며 고마워하기 때문입니다.

해결하기 위한 이야기

최근, 여러분의 함께 배움이 꽤 좋아졌습니다. 전원 달성까지 불과 한 걸음 남았지만, 아직은 아닙니다. 왜일까요? 생각해 봅시다. 공부에는 자신이 잘하는 것과 못하는 것이 있습니다. 그것은 당연합니다. 공부를 잘하는 것, 못하는 것이 중요한 것이 아니라, 모르면 '가르쳐 줘'라고 말할 수 있는 것, 안다면 '모르는 사람 없니?'라고 말하는 것을 공부하는 것이 함께 배움입니다. 못하는 친구를 이해시키는 데는 시간이 걸립니다. 당연하지요. 때문에 어떻게 하면 좋을지 생각해 보세요. 선생님이 '자, 시작하세요'라고 말하자마자 '가르쳐 줄래?'라고 말하면서 알 것 같은 사람 옆에 앉을 수도 있지요. 반대로 '가르쳐 줄게'라면서 모르는 친구 옆에 앉을 수도 있습니다. 그리고 먼저 풀기 쉬운 문제를 선택해서 짧게 가르쳐 주고, 그 문제를 풀고 있는 사이에 자신의 문제를 푸는 방법도 있습니다. 즉, 자신의 문제를 풀면서도 친구를 도와주는 고도의 방법입니다. 여러분이라면 더욱더 좋은 멋진 방법을 찾을 수 있을 것입니다. 머리를 풀가동하여 전원 달성을 목표로 해 주세요.

경우에 따라서는 굉장히 많은 시간이 걸리는 학생도 있습니다. 그런 친구는 어떻게 하면 좋을까요? 앞에서 언급한 것처럼 과제를 예고하여 예습하게 합니다.

최후의 한 사람을 넘어서 전원 달성하는 것은 힘듭니다. 하지만 그 힘든 것을 학생들 모두의 힘으로 극복해 나감으로써 학급은 성장합니다.

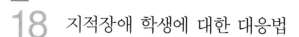

18 지적장애 학생에 대한 대응법

학교 교육의 의미를 말합시다

함께 배움에서는 과제 달성을 전원에게 요구합니다. 하지만 지적장애가 있는 경우, 그것을 달성할 수 없는 일이 반복됩니다. 특히 수학, 물리, 체육의 경우 그렇게 될 가능성이 있습니다. 그러면 어쩔 도리가 없어 고민에 빠지게 되는데, 그럴 때는 이렇게 말해 주세요.

선생님은 전원 달성할 것을 요구합니다. 왜 그것을 요구할까요? 지금 수학 공부를 하고 있지만, 수학을 못하더라도 행복할 수 있습니다. 물론 잘하면 좋지만, 사람은 잘하는 것도 있고 못하는 것도 있는 게 당연하지요. 그런데 잘하지 못하면 여러분이 절대로 행복해질 수 없는 것이 있습니다. 그것은 모를 때 가르쳐 달라고 말하는 것입니다. 반면, 알고 있는 사람은 '모르는 사람 없니?'라고 말할 수 있습니다. 상대를 배려하여 질문하는 것이고, 상대를 배려하여 가르쳐 주는 능력입니다. 성인이 되면, 100점을 맞지만 다른 사람에게 가르쳐 주는 것이 서툰 사람과 80점 정도밖에 점수를 얻을 수 없지만 다른 사람이 80점을 받도록 할 수 있는 사람을 비교하면 어떤 사람이 더 행복할까요? 지금 여러분이 공부하는 것은 후자가 되려는 것입니다.

그러면 왜 선생님은 전원 달성을 위해 점수 받을 것을 요구할까요? 그것은 전원 달성해야 한다는 마음이 느슨해지면 모두가 손을 놓아 버려서 물어보는 것이 귀찮아지고, 가르치는 것이 귀찮아지는 사람이 생기기 때문입니다. 선생님은 듣고 있는 척하는 사람과 정말로 잘 듣고 있는 사람을 확실히는 잘 모르겠습니다. 가르치고 있는 척하는 사람과, 정말로 가르치고 있는 사람을 잘 모르겠습니다. 때문에 전원 달성을 고집합니다.

여러분 선생님이 '두세 사람이 안 돼도 좋아요'라고 말하면 좋을까요? 아닙니다. 그렇게 하면 어떤 일이 일어날까요? 여러분도 알 것입니다. 때문에 정말로 전원 달성을 요구합니다. 여러분은 전원 달성을 위해 노력하는 것을 끝까지 포기하지 마세요. 그런 모습이 멋진 것입니다. 항상 감동합니다. 전원 달성이 어렵지만, 선생님은 여러분이라면 가능하다고 늘 생각합니다. 전원 달성은 중요합니다. 그런데 더 중요한 것은 전원 달성을 절대로 포기하지 않는 것입니다. 여러분은 반드시 전원 달성할 수 있습니다. 기대합니다.

다양한 교과에서 함께 배움을 경험시켜 보자

수학, 물리, 체육뿐만 아니라 사회, 과학 등에서도 함께 배움 수업을 할 것을 권합니다. 사회, 과학은 암기하는 부분이 적지 않습니다. 그렇기 때문에 함께 배움을 하면 어렵다고 여겨지는 전원 80점, 전원 90점 이상을 실현할 가능성이 있습니다. 이런 성공 체험을 학생들에게 제공할 필요가 있습니다.

수학, 물리, 체육과 같이 개인차가 커서, 함께 배움에서 극복하기가 곤란한 과목에서 함께 배움 수업을 하는 의미는 무엇일까요? 사실은 극복하기 곤란하기에 큰 의미가 있습니다. 사회에 나가면 학생들은 능력 차이에 직면합니다. 주위 사람은 가볍게 헤쳐 나가는데 본인은 할 수 없는 상황을 경험할 것입니다. 거꾸로 자신은 잘 해내는데 주위 사람이 잘 못해내는 경우도 있을 것입니다. 이럴 때 비굴하거나 우쭐하지 않고 이웃과 계속적으로 교류해 나가는 것이 행복으로 연결됩니다. 이것을 학교 교육이라는 교사의 관리 속에서 경험시켜 배우게 하는 것이 매우 중요합니다.

19　아스퍼거 경향이 있는 학생 대응법

특별 지원과 함께 배움

지적장애 외에도 다양한 특별 지원이 필요한 학생들이 있습니다. 지금까지의 실천 경험에서 보면 어떤 형태의 학생이라도 비교적 단기간에 개선될 수 있습니다. 가장 빠른 효과를 보이는 것은 과잉행동장애 학생입니다. 함께 배움에서는 학생 전원이 과잉행동을 하는 학생처럼 보이기 때문에, 그 학생의 행동이 눈에 잘 띄지 않습니다. 그리고 교사도 '조용히 하세요', '앉으세요'라고 쫓아다니며 추궁하지 않기 때문에 느긋해집니다.

특별 지원이 필요한 학생 중에는 폭력을 휘두르거나 교실을 뛰쳐나가는 학생도 있지만, 그 학생의 장애와 병증은 절대로 막을 수 없습니다. 그런데 왜 그런 행동을 할까요? 초조하기 때문입니다. 과잉행동장애 학생에게 앉아 있으라고 계속 요구하면 초조해집니다. 이해하지 못하는 말을 가만히 듣고 있는 것은 교사에게도 고통이겠지요. 게다가 교사나 보조 교사가 수시로 다가와 주의를 주거나 지시를 하면 초조해집니다. 함께 배움에서는 그런 일이 적어지기 때문에 초조함이 줄어듭니다.

단지, 아스퍼거 경향이 있는 학생은 함께 배움에서도 예외적으로 시간이 걸리고 품이 듭니다. 함께 배움에서는 학생들의 교류로 문제를 해결합니다. 그런데 아스퍼거 경향의 학생 중에는 악의 없이 다른 사람을 불쾌하게 하는 말을 해 버리는 학생이 있습니다. 이 상황을 극복하려면 학생 집단이 받아들여 주어야 합니다.

그러기 위해서는 어느 정도 시간이 걸립니다. 자폐증 학생은 주변의 학생이 가까이 다가오지 않으면 교류하지 않지만, 아스퍼거 경향의 학생은 적극적으로 문제를 일으키기 때문에 큰일입니다. 그러므로 이 학생을 의식한 '잔 기술'이 필요합니다.

아스퍼거 경향 학생에 대한 대응

함께 배움으로 주변 친구들이 점점 재미있게 공부하고 있는데 자신만 그 속에 들어가지 못하면, 보호자가 따돌림당하고 있다고 진정할 위험성이 있습니다. 사전에 함께 배움으로 그 학생이 정말로 개선되고, 개선되길 원하고 있음을 보호자에게 확실하게 말해 주세요.

그리고 그 학생이 잘하는 것, 흥미 있어 하는 것을 보호자로부터 알아내서 수업 과제에 그것을 관련시킵니다. 그리고 그 학생이 좋은 정보를 가지고 있다는 것을 수업 중에 말합니다. "오~, 그런가……. 선생님도 몰랐는데. 아무개는 그런 것을 잘 알고 있네"라고. 그리고 그 활약상을 보호자에게 전해 주세요.

기본은 동일합니다. '한 사람도 포기하지 않는다'는 것을 반복하는 수밖에 없습니다. '그 아이'는 변할 수 없더라도 주변의 학생들을 변하게 할 수는 있습니다. 주변의 학생들이 한마음이 되면, '그 아이'를 받아들이게 됩니다.

'그 아이'는 마지막까지 자신은 이처럼 말했는데 왜 모두 화를 내는지를 이해하지 못할 수도 있습니다. 그러나 그런 특성을 지니고 있지만 나쁜 마음은 없다는 것을 이해하는 학생 집단을 만드는 것은 가능합니다. 그리고 주변 학생들과의 교류가 많으면 많을수록 그 친구에게는 이유는 잘 모르지만 하여튼 ~라고 말하면 안 된다는 NG 모음집을 만들 수 있습니다. 그렇게 하면 주변 학생들과의 갈등 빈도가 줄어들고, 주변 학생들도 보통으로 대하게 됩니다. 그리고 성인이 되어 편하게 사회생활을 할 수 있을 것입니다.

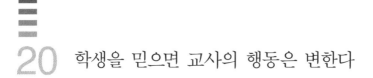

20 학생을 믿으면 교사의 행동은 변한다

함께 배움을 반복하면, 학생들의 교류가 다양해져서 이전에 비해 학급에서 문제 발생이 줄어듭니다. 교사가 학생들을 믿고 맡겨 버릴수록 어린이들이 본래 지니고 있는 유능함과 착함이 순수하게 드러납니다.

교사의 태도가 어린이들의 유능함을 어느 정도까지 이끌어 낼 수 있는지를 결정합니다. 어린이들에 대한 교사의 신뢰 정도는 함께 배움 수업 중에 나타납니다. 학생들은 그것을 확실하게 알아차립니다.

1수준 학생들을 믿지 못하며, 수업 처음의 설명 시간이 길어지고, 결과적으로 학생들의 교류 시간이 짧아집니다. 때문에 함께 배움의 좋은 점이 잘 나타나지 않습니다.

2수준 수업 개시 5분 이내에 학생들에게 맡기는 형태는 다양합니다. 예를 들면 학생 한 사람씩 노트를 체크하는 교사가 있습니다. 특징은 언제나 자기 가까이 있는 학생의 노트를 봅니다. 그리고 머물러서 가르치기 시작합니다. 가르치면 학생은 교사에게 의존하게 되고, 학생들의 움직임은 둔해집니다. 또 시야가 좁아지기 때문에 칭찬해야 할 학생의 모습을 놓치게 됩니다.

3수준 함께 배움을 실천하여 어느 정도 학생에게 맡겨 버렸다는 생각이 들면 학생의 노트가 아닌, 학급 전체를 둘러보게 되어, 학급의 다양한 것들이 눈에 들어옵니다. 지금까지는 판서나 발문으로 바빴지만, 찬찬히 학생들을 관찰할 수가 있습니다. 이렇게 되면 문제 있는 학생이 걱정됩니다. 특징은 계간 순시를 하면서 특정 학생의 옆에 머물러서 노트를 체크합니다. 그리고 가르치기 시작합니다. 같은 교사로서 그 기분에는 아플 정도로 공감합니다. 하지만 그 학생에게 다가가 이것저것 지도해도 효과는 지도한 만큼 나오지 않을 것입니다.

4수준 '그 학생'에게 접근하지 말고, 학급을 리드하는 학생에게 접근하면 됩니다. 구체적으로는 전 단계의 교사는 '그 학생' 근처에서 말하지만, 이 단계의 교사는 계간 순시를 할 때 학급을 리드하는 학생 근처에 가서 "이렇게 하면 전원 달성이 가능할까? A(그 학생)가 힘들어하고 있는 것 같은데~"라고 말합니다.

5수준 교사의 말과 행동이 일관되면, 교사가 '좋다'고 생각하는 것과 교사가 '나쁘다'고 생각하는 것이 무엇인지 학생들은 확실히 알게 됩니다. 이렇게 되면 수업 시간에 목소리를 높일 필요성이 더더욱 없습니다. 수업의 마지막에 이야기하면 충분합니다. 이 단계의 교사는 괜히 계간 순시를 하거나, 벽에 우두커니 기대거나, 교탁에서 다른 일을 하거나, 때때로 교실 여기저기를 보는 행동을 합니다. 그것은 잘 운영되고 있는 야구부와 같습니다. 감독이 나타나기 전에 부원들은 스스로 연습을 시작합니다. 프로그램도 학생들이 작성합니다. 그러는 동안에 감독이 슬쩍 나타나서 아무 말도 하지 않고 전체를 바라봅니다. 그러면 부원들 속에서 감독이 왔다는 작은 소리가 퍼지고, 한층 더 열심히 연습을 합니다. 그리고 감독이 "이 정도면 지역대회를 돌파할 것이다!" 라고 격려하면서 끝냅니다.

주 1회의 함께 배움을 계속하면, 많은 교사가 4수준의 접근법을 사용하게 됩니다. 이 경우 학급에는 문제가 잘 일어나지 않을 뿐만 아니라 (기존의 문제도) 상당한 해결의 조짐이 보입니다.

학급 상태를 더욱 좋게 하고 싶다는 마음의 응답을 받았다면, 꼭 주 1회보다 더 많은 시간을 함께 배움으로 하는 단계로 나아갑시다.

▶ 중학교에서의 함께 배움 사례 ◀

모리야마 타카유키(오카야마 현 중학교 과학 교사)

나는 당시에 현 교육센터의 장기 연수원으로서, 1년간 현장을 떠나 연구논문 작성을 위해 연구 주제를 결정해야만 했다. 솔직하게 말해서 학교생활에 대해 그렇게 고민하지 않았고, 나름대로 잘하고 있다는 기분이었기 때문에 연구 주제를 정하는 것이 꽤 어려웠다. 그런 와중에 만난 것이 니시카와 준 교수의 『함께 배움 교실』이라는 책이었다. 이 책에는 교사생활에 익숙해져서 발견하지 못하고 있는 문제 등이 적혀 있었다. 특히 수업에 참여하지 못하는 학생, 평가에서 전혀 점수를 받지 못하는 학생을 어쩔 수 없다고 생각하고 있었던 나 자신의 사고방식에 문제가 있다는 것을 알아차렸다. 그리고 처음 내가 교사를 지망했을 때 품었던 뜻과 함께 배움이 지향하는 것이 일치하기에 나도 함께 배움을 실천하기로 결심했다.

함께 배움 도입 당시 학급 모습

현의 교육센터에서 학교로 복귀하자마자 3학년 담임이 되어, 모든 학급의 수업을 하게 되었다. 3학년하고는 지금까지 거의 관여가 없었고, 이 학생들에게 갑자기 함께 배움 수업을 도입하게 되어 조금 불안했다.

학급에는 1학년 후반부터 수업에 거의 참여하지 않는 남학생이 있었는데, 이 학생은 이미 ADHD 진단을 받았다. 특히 비행 경향이 꽤 강하고, 주위 학생들도 이 학생이 수업 방해가 된다고 부정적으로 생각했다.

함께 배움의 도입

이런 학급 상황에서 인간관계가 거의 없는 집단에 함께 배움을 도입하는 것은 상당한 용기가 필요했지만 다음과 같은 이야기를 했다.

- 한 사람도 포기하지 않는 집단이야말로 모두의 행복이 된다.
- 성인이 되어 정말로 중요한 능력은 주위 사람과 원만한 커뮤니케이션을 할 수 있는 능력이다.
- 기필코 이 학급을 모두에게 최고의 학급이 되도록 하자.

함께 배움에 의한 변화

함께 배움을 시작한 초기에 여러 가지 일이 있었다. 보호자로부터 '학교가 차분하지 않은 것은 저런 수업을 한 탓이다'는 말을 들은 적도 있다. 그러나 관리직의 이해, 학생들의 변화로 이런 목소리는 사라졌다(관리직이 방파제가 되어 주었는지도 모른다).

전원 목표 달성을 하지 못하거나, 수업 활동에서 조금만 더 열심히 했으면 할 때에는 초조한 나머지 무심결에 야단을 치기도 했다. 니시카와 교수로부터 '야단치지 말고, 좋은 점을 칭찬하라'는 조언을 받고, 나 자신도 여유를 갖고 학생들의 모습을 지켜보면서 의식적으로 칭찬을 하니, 학생들의 모습이 서서히 변했다.

1년이 되어 갈 때쯤, 과학을 어려워하던 학생들 모두가 친구가 되자는 분위기였다. 처음 시험에서는 선다형 문제만 풀었던 '그 학생'이 서술형 문제도 풀 수 있게 되었다.

앞에서 말한 수업에 거의 참여하지 않던 학생이 교실에서 나가려고 하자 친구들이 옷을 붙잡으며 제지하고, 이를 계기로 수업에 참여하게 된 '그'가 외웠던 지식을 가르치러 즐겁게 돌아다니는 모습도 보였다. 원래 과잉행동 경향이었기 때문에 수업 중에 돌아다니는 것을 싫어하지 않았고, 그런 행동을 칭찬받자 기분 좋게 수업에 참여하게 되었을 것이다. 이런 경험을 통해 학급의 삐거덕거리던 분위기는 점차 사라졌다.

이런 학생들이 중학교 졸업 후 3년 정도 지나자, 매년 동창회를 개최하고 나를 초대했다. 바로 전날에도 20명이 모였다. 가장 기쁜 것은 모임이 있을 때마다 전원에게 안내를 하는 것이다. 사이가 좋았던 몇몇이 아니라 전원이 참석하게 하려는 것이다. '모두 함께'라는 의식은 1년간 함께 배움을 실천한 최고의 결과이기 때문에 나는 무척 기쁘다.

어린이는 교사 마음의 거울

함께 배움 수업이든 종래의 수업이든, 수업의 좋고 나쁨은 과제나 발문이 아니라 교사의 마음으로 정해집니다. 쉬운 예로, 교사와 교장의 관계를 들어 보겠습니다. 교장이 바뀌면 학교의 분위기가 변합니다. 그것은 교장의 직원회의에서의 발언 때문일까요? 아닐 것입니다. 많은 직원이 교장의 말과 행동을 관찰하고, 그 속에서 교장은 어떤 사람인가를 평가합니다. 그리고 그것을 직원들이 화제로 삼아 서로 확인하고, '이 교장은 어떤 사람인가' 하는 이해가 생겨납니다. 학생들도 같습니다. 한 학급에는 어른들의 속마음을 알아차리는 것이 특기인 학생이 적어도 4, 5명은 있습니다.

혹시 당신 학교 교장의 책상에 '직원회의를 운영하기 위한 테크닉 ABC' 라는 책이 놓여 있다면 어떻게 생각하겠습니까? 운동회 준비모임에서 '운동회 운영의 17 테크닉'이라는 책을 읽으며 발언한다면 어떻게 생각하겠습니까? 그리고 직원은 어떻게 행동할까요?

교장은 학교가 어떤 임무를 맡고 있는지, 운동회에서는 무엇을 길러야 하는지 그 의의를 말해야 하겠지요. 그리고 모든 것을 직원에게 맡겨, 직원이 일하기 쉽도록 예산을 획득하기 위해 관련 기관에 머리를 숙이는 교장이라면 직원은 어떻게 행동할까요? 학생들도 같습니다.

함께 배움은 단순합니다. 때문에 마음으로 승부하는 것이 매우 큽니다. 생각해 보세요. '철저한 교재 연구를 통한 이해＋절묘한 발문＋카리스마'를 지향합니까? 아니면 '한 사람도 포기하지 않고 마지막까지 추구하기＋어린이들을 믿고 이들과 함께하기'를 지향합니까? 저는 후자입니다.

4장

더 많은 시간을
함께 배움으로 합시다

함께 배움 최종 단계입니다.

주 1회 수업으로도 상당한 성장을 볼 수 있었을 테지만,

일정한 수준 이상은 넘지 못합니다.

본격적으로 학습지도와 생활지도를

일체화하지 않으면 안 됩니다.

전환점을 찍는 것은 꽤나 힘들 것입니다.

그렇지만 안심하세요.

당신과 학생들은 이미 필요한 것을 모두 갖추고 있습니다.

01 학력은 더 향상 가능하다

더 학력 향상

여기까지 오신 분이라면 함께 배움은 인간관계 만들기에 상당히 유용하다는 것을 아실 것입니다. 그리고 학생들에게 맡기더라도 성적이 내려가지 않고 오히려 어느 정도는 올라갈 것이라고 생각하실 것입니다. 보다 더 높은 성적을 지향하기 위해서 함께 배움의 빈도를 더 높입시다!

'단원평가(정기 평가)에서 전원 ○○점 이상을 받자'는 큰 목표를 과제로 제시하고 테스트합니다. 그런데 함께 배움에서는 평균점수를 과제로 설정하지 않습니다. 평균은 일부 학생에게 맞춘 교육으로도 실현할 수 있지만, 그 결과 비참한 점수를 받는 학생이 생깁니다. 때문에 최저점을 과제로 설정합니다. 90점인 학생이 95점을 받는 것은 힘들지만, 20점인 학생이 50점을 받는 것은 비교적 쉽습니다. 결과적으로 최저점 향상을 추구하면, 학급 평균이 현저하게 올라갈 수 있습니다. 단지 주의점이 한 가지 있습니다. 서로 배우는 '척'하는 것은 안 됩니다. 평가 점수 향상은 '척'으로는 불가능합니다. 함께 서로 잘 배웠다고 해서 평가 점수에 가산해서는 안 됩니다. 만일 가산 점수를 주면 학생들은 가산 점수를 위해 함께 배움을 합니다. 평가에 주목하는 이유는 '점수'가 목적이 아닙니다. 평가 점수로 함께 배움의 성과를 확실히 알 수 있기 때문입니다.

최대의 효과를 내는 매시간의 함께 배움으로 학급 만들기를 하면 사회와 과학에서도 100점 만점에 전원 80점 이상을 받을 가능성이 상당히 높아집니다.

최고의 학급

지적장애로 장애 학생이 있는 학급인데도, 시중 평가지로 전원 만점을 3회 연속해서 낸 학급이 있습니다.

이 학급의 일상의 과제는 매우 간단합니다. 학생들은 자주적으로 교과서를 읽고, 교과서와 학습지의 문제를 풉니다. 모르는 것이 있으면 교실에 있는 국어사전, 자료집, 교사용 지도서, 참고서, 교사용 노하우 책을 봅니다. 담임선생님은 싱글벙글 웃으며 교실을 천천히 돌아다닙니다. 이 선생님이 하시는 말을 들어 보면 "오, 잘하고 있네요", "야, 슬기롭네~"라고 약간 높은 목소리로 말합니다. 이런 칭찬을 자주 하면 학생들에게서 "선생님, 저희는 지금 바쁩니다. 방해하지 마세요"라는 말을 듣습니다. 그러면 교사는 교탁에 앉아서 다른 일을 하거나 틈틈이 학생들의 모습을 봅니다. 이런 느긋한 시간이 흘러갑니다.

그런데 평가 때에는 모습이 급변합니다. 평가에서는 '전원 ○○점 이상을 얻는다'는 과제를 달성하면 학생들이 이기고, 달성하지 못하면 선생님이 이긴다고 생각합니다. 그렇기 때문에 학생들은 시험을 '도전장'이라고 부릅니다. 평가 실시 전에 학생들은 평가 준비 시간을 1시간 받습니다. 물론 집에서 예습합니다.

평가 시간에는 전원이 동그랗게 진을 짭니다. 그리고 "모두 ○○점을 받자!"라고 외치고 평가를 받습니다. 평가가 시작되면 연필 소리만 납니다. 후반이 되면 "마지막까지 포기하지 말자!", "한자를 체크하라!", "선생님이 히죽히죽 웃고 계시네. 함정이 있을 수 있기 때문에 한 번 더 체크하자"라고 큰 소리로 말합니다. 마치 전국대회 출전을 목표로 하는 고교 야구부원들 같은 모습입니다. 이런 집단이기 때문에 전원 만점을 실현할 수 있었습니다.

02 무엇을 배워야 하는지 범위를 좁힌다

무엇이 중요한가?

지금까지 수업을 할 때, 교사용 지도서는 대부분의 교사가 읽지만 학습지도요령을 읽는 교사는 거의 없었으리라고 생각합니다. 연구수업으로 지도안을 쓸 때 정도가 아닐까요? 저 자신이 고등학교 교사 시절에 그랬습니다. 하지만 함께 배움에서는 과제를 마지막까지 '날카롭게' 합니다. 꼭 가르쳐야 할 것이 무엇인지 의식해야만 합니다. 이때 힌트가 되는 것이 학습지도요령입니다.

우리 교사들이 준수해야 할 것은 교과서와 교사용 지도서가 아닌 학습지도요령입니다. 고교 교사 시절 저는 교과서와 교사용 지도서에 비해 학습지도요령은 구체적이지 않다고 생각했습니다. 그런데 학습지도요령이 일반적이고 구체성이 없는 것처럼 보이기 때문에 각각의 교사가 구체화할 수 있습니다. 학습지도요령에 쓰인 것은 확실히 지도하지 않으면 안 됩니다. 그런데 그것을 1개만 할지, 10개를 할지, 100개를 할지 정하는 것은 교사의 판단입니다. 학습지도요령에서 가르쳐서는 안 된다고 쓰인 것은 가르치면 안 되지만, 그것 이외의 내용을 다루는 것은 교사의 판단입니다. 이런 면에서는 확실히 교사의 재량이 넓어집니다.

초등학교 4학년 수학 교과서에 갑자기 '주판'에 관한 내용이 나옵니다. 어떤 선생님은 주판을 1시간에 걸쳐서 함께 배움을 합니다. '시간 낭비다' 싶어 담당 선생님께 물어보니 그 학습이 5학년, 6학년 학습에 연계되지는 않는다고 합니다. 학습지도요령을 읽어 보니, 4학년에서는 '주판을 이용하여, 더하기 및 빼기의 계산이 되도록 한다'고만 되어 있습니다. 때문에 교과서에 갑자기 나온 것입니다. 그리고 후속 내용을 조사해 보니, 6학년에서는 '주판과 구체물 등의 교구를 적절히 이용하여'라고 쓰여 있습니다. 즉, 주판을 사용하지 않아도 좋은 것입니다. 교과서에 있다고 해서 모두 같은 시간을 들여서 가르칠 필요는 없습니다. 학습지도요령을 읽고 가감해 주세요.

초등학교 사회의 역사 영역에는 사람 이름이 많이 나옵니다. 사회 과목을 좋아하면 다양한 내용으로 마음껏 다루고 싶을 것입니다. 하지만 학습지도요령을 읽어 봅시다. 예를 들면, 에도시대의 문화에 관계된 인물로 취급해야만 할 인물이 예시되어 있습니다. 에도시대의 문화 인물로서는 치카마츠 몬자에몬近松門左衛門, 모토오리 노리나가本居宣長, 스기타 겐바쿠杉田玄白 등으로 한정되어 있습니다. 그리고 우타카와 히로시게歌川廣重는 안도 히로시게安藤廣重로 대체해서 가르쳐도 좋다고 쓰여 있습니다. 또한 위의 인물들은 성과 이름이 모두 표기되어 있지만, 페리는 매슈 페리로 쓰지 않고 페리만 써도 좋습니다.

흥미·관심을 평가할 때에는

흥미·관심을 평가할 때에는 무엇을 평가하면 좋을지 망설이게 됩니다. 솔직히 고백하면, 제가 고교 교사였을 때는 그런 것은 생각해 본 적이 없습니다.

학습지도요령을 읽어 보아도 인명이 지정된 것과 비교하면 애매하게 표현되어 있습니다. 하지만 앞에서와 같이 애매하기 때문에 그만큼의 재량이 교사에게 있다고 생각하면 됩니다.

권장하는 것은, 학생들에게 학습지도요령 원문을 제공함으로써 그것을 기준으로 평가 관점을 작성하게 하여, 자기평가를 하게 하는 것입니다. 이 단계까지 온 학생들은 멋진 평가 관점을 찾을 것이고, 이것을 보는 교사에게도 공부가 될 것입니다. 실험 삼아서라도 해 볼 가치가 있습니다.

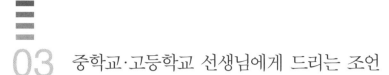

03 중학교·고등학교 선생님에게 드리는 조언

학급 담임제와 교과 담임제

중학교, 고교의 선생님 중에는 중학교·고등학교는 학급 담임제가 아니라서 함께 배움을 실천하기가 매우 힘들다고 말씀하시는 분이 있습니다. 하지만 아닙니다.

함께 배움 연구를 시작했을 때, 매우 이상한 현상이 일어났습니다. 모든 학교 단계, 모든 교사에게 함께 배움 수업이 어느 정도 수준에 오르는 데에는 4주가 걸립니다. 이상한 점은 갑자기 복수의 교과, 모든 시간을 함께 배움으로 한 경우나, 주 3시간을 함께 배움으로 한 경우나, 주 5시간을 함께 배움으로 한 경우나, 일정 수준에 오르는 데 필요한 시간은 별로 차이가 없다는 것입니다. 학생들이 주 1회 함께 배움을 한 경우와는 큰 차이입니다. 함께 배움이 어느 정도 궤도에 오르는 시간은 4주간으로 왜 동일할까요?

사실 4주는 학생들이 변하는 시간이 아닙니다. 교사가 변하는 시간입니다. 주 3시간 교과의 선생님이나, 주 5시간 교과의 선생님이나 한 주의 담당 시간은 그렇게 차이가 나지 않습니다. 오히려 한 주당 함께 배움을 하는 시간은 중학교, 고등학교 선생님이 많습니다. 이 경험을 통해 함께 배움 수업에 친숙해지는 것입니다. 그 증거로, 함께 배움을 1년간 경험한 선생님은 보다 짧은 시간에 함께 배움을 일정 수준으로 올릴 수 있습니다.

실은 당신은 이미 함께 배움을 실천하고 있습니다

중학교, 고등학교 선생님이라면 사실 모든 시간 함께 배움을 경험한 분이 적지 않을 것입니다. 그것도 상당히 길게 계속적으로 실천한 분도 있을 겁니다. 클럽 활동을 생각해 보세요.

조에츠 교육대학에는 전국의 중견 교사가 대학원에 파견을 옵니다. 제 연구실에 현직 파견 A대학원생이 있었습니다. A에게 함께 배움을 설명했더니, 잘 이해하지 못했습니다. 결국 실제로 실천해 보기로 했습니다. 자기 학교로 돌아가 모든 시간을 함께 배움 수업으로 실천했습니다. 일주일 후에 "저는 전부터 함께 배움을 알고 있었습니다"라는 연락을 해 주었습니다.

실은 대학원에 오기 수년 전, A교사는 한 중학교로 전근했습니다. 거기서 농구부의 고문이 되었는데 A교사는 농구를 전문으로 한 경험이 없습니다. 기껏해야 중·고등학교 학교체육 수준이었고 당연히 전문적인 지도는 할 수 없었습니다. 갈팡질팡하는 동안에도 팀이 강해져, 지역대회에서 우승을 했습니다. A교사는 어떻게 해서 그런 일이 일어났는지 자기 자신도 의문이었다고 합니다.

그런데 함께 배움 수업을 해 보니, 학생들에게 하는 말, 격려, 활동에 포함시키는 것, 칭찬하는 방법, 야단치는 방법이 그 당시 농구부 고문이었을 때와 정말로 같다는 것을 실감했다고 합니다.

중학교, 고등학교의 선생님이라면 클럽 활동 지도 경험이 있겠지요. 클럽 활동할 때 학생들에게 무엇을 말하고, 학생들의 무엇을 보았던가를 생각하면, 이 책에 나온 내용과 겹치는 부분이 많을 것입니다. 함께 배움을 '수학 클럽', '고전 클럽', '일본사 클럽'이라고 생각하세요. 그러면 지금까지 읽은 내용과 겹칠 것입니다.

최고의 클럽, 최고의 성적, 그리고 성인이 되었을 때, 학생들의 행복을 목표로 한 발 더 나아갑시다.

04 되돌아보기 카드 활용법

되돌아보기 카드

많은 함께 배움 교사가 되돌아보기 카드를 활용하고 있습니다. 형식은 자유이지만, 기본형은 다음과 같습니다.

날짜	목표	자기평가	그렇게 평가한 이유

'목표'는 교사가 제시한 과제입니다. 칠판에 쓰면 학생들이 옮겨 적습니다. 자기평가 A는 '나도 잘 이해했고, 전원 달성을 위해 최선을 다했다', B는 '나는 잘 이해했으나 전원 달성을 위해 최선을 다하지 못했다', C는 '나는 이해하지 못했다'입니다.

수업 후에 되돌아보기 카드를 빠르게 살펴보면, 오늘 수업이 좋았는지 아닌지를 알 수 있습니다. 또 자기평가의 이유를 읽어 보면, 교사 자신이 놓쳤던, 학급에서 일어난 일을 알 수 있습니다. 학생이 자기평가를 함으로써 자신과 학급 친구들의 학습을 전체적으로 바라보게 됩니다.

학생들은 상당히 정확하게 그리고 엄격하게 자기평가를 합니다. 자기평가는 학급 친구들이 볼 수 있는 상태에서 하기 때문입니다. 제대로 이해하지 못했는데 A, B라고 쓰지 못합니다. 정말로 최선을 다하지 못했는데 A라고 쓰지 못합니다. 학생들은 교사의 눈은 피할 수 있어도 친구들의 눈은 피할 수 없다는 것을 알고 있습니다. 따라서 수업이 끝나고, 되돌아보기 카드를 살펴보면 그 수업의 질을 알 수 있습니다.

이 되돌아보기 카드의 목표란에 '교과서 ○○페이지의 문제를 풀고, 그 설명을 200자 정도로 정리한다' 등의 단원 전체의 구체적인 과제를 미리 인쇄해 배부하면, 예습하는 학생이 생깁니다. 그렇게 해 보세요.

되돌아보기 카드의 활용 팁

함께 배움의 초기에는 학생들이 만드는 그룹이 비교적 고정적입니다. 또 초등학교 고학년 이상이 되면 남녀별로 그룹이 형성될 것입니다. 이와 같은 그룹 형성은 '한 사람도 포기하지 않는다'고 반복해서 언급하면 해소됩니다. 왜냐하면 과제를 풀 수 없는 사람들이 모인 고정된 그룹으로는 전원 달성이 불가능하기 때문입니다. 전원 달성을 위해 상위권 학생은 그런 그룹에서 빠집니다.

하지만 고정된 그룹을 가급적 빠르게 해체하기 위한 팁으로 되돌아보기 카드 하단에 학급 전원의 이름을 씁니다. 그리고 한 시간마다 같이 공부한 사람의 이름에 동그라미 표기합니다. 이렇게 하면 한 단원의 수시간 중에, 지금까지와는 다른 친구들과 교류하려는 계기가 됩니다. 또 이렇게 함으로써 소외되던 학생들이 최소한으로 줄어들지만, 이름에 동그라미 표기하는 것은 2개월 이상 하지 않는 편이 좋습니다. 그것은 누구와 배워야 하는지를 강요하고 있기 때문입니다. 어디까지나 고정화된 인간관계를 해소하기 위한 계기 이외의 의미는 없습니다.

05 설문조사 활용법

함께 배움에 반대하는 학생

설문조사를 하면 압도적 다수가 함께 배움 수업을 찬성합니다. 물론 소수의 학생 중에는 함께 배움이 싫다는 반응도 있습니다. 대체로 세 경우가 있습니다.

첫째는 관계 형성에 서투른 학생입니다. 예를 들면 쉬는 시간에 도서실로 피하는 학생, 용건도 없이 교무실 입구에서 어슬렁거리는 학생 등입니다. 그 대부분은 이 단계에 오기 전에 해결될 것입니다. 예외는 아스퍼거 학생인데, 느긋하게 해결해야 합니다.

둘째는 고지식한 학생입니다. 이 경우는 공부(수업)라는 것은 조용히 앉아서, 칠판에 쓰인 것을 베끼는 것이라고 고지식하게 생각합니다. 객관적인 성적이 내려가지도 않고 오히려 오르고 있음에도 불구하고 공부가 아니라고 여깁니다. 이 학생에게는 함께 배움이 매우 효율이 높은 공부라는 것을 설명해 주세요. 그리고 객관적인 데이터를 보여 주세요. 이 학생의 학부모도 그렇게 생각할 가능성이 높으니까 학부모에게도 같은 설명을 해 주세요.

셋째는, 성적이 좋고 착한 학생입니다. 이 학생에게 많은 학생들이 계속 가르쳐 달라고 오고, 그러면 모든 사람에게 정성껏 가르칩니다. 때문에 더 많은 학생들이 몰려오고, 결과적으로 자신은 천천히 생각할 시간이 없습니다. 만약 "잠깐만 기다려"라고 말하면 잘난 척한다고 오해받기도 합니다.

교사가 그것을 강요하기도 합니다. 학급에 배우기가 힘든 학생이 있으면, 이 학생을 잘 받아 줄 실력 있고 착한 학생에게 맡기고 싶은 생각이 듭니다. 이 생각은 전해질 것이고, (이렇게 부담이 쌓이면) 폭발해 버립니다. 결국 부모에게 눈물로 호소하고, 부모는 학교로 연락하게 됩니다.

설문조사 후의 이야기

설문조사에서 문제의 징후가 보이면 이렇게 말해 주세요.

설문조사 결과, 거의 모든 사람이 함께 배움은 공부에 도움이 된다고 대답해서 선생님도 자신감이 생겼습니다. 하지만 잘 살펴보세요. 많지는 않지만 '공부에 도움이 안 된다', '싫다'고 한 사람도 있습니다. 이것은 중대한 일입니다. 함께 배움에서는 전원 달성을 목표로 합니다. '몇 사람이 안 된다고 해도 좋아'라고 생각한다면 어떤 일이 일어날지 여러 번 이야기했습니다. 이 결과도 그렇습니다. '공부에 도움이 안 된다', '싫다'고 한 사람은 대단히 용기가 있는 사람입니다. 그리고 그렇게 생각하는 것에는 당연히 이유가 있습니다. 우리들이 해결하지 않으면 안 됩니다. 때문에 현재, '공부에 도움이 된다', '재미있다'고 대답한 사람들은 무엇을 해야 할까요? 아마도 할 것들이 여러 가지 있을 겁니다. 모두가 '머리'를 써서, 전원이 '공부에 도움이 된다', '재미있다'고 생각할 수 있도록 노력해 주세요.

　즉시 문제를 발견해 진지하게 대응해 주세요. 또 많은 학생들이 함께 배움에 의문을 보이면, 일단 주 1회 정도로 돌아가 한 번 더 처음부터 다시 시작하면 됩니다. 몇 번이라도 다시 하면 됩니다. 정기적인 설문조사는 중요한 의미가 있습니다. 구체적인 문제를 해결하는 것은 교사가 아닌 학생 집단입니다. 이런 집단을 만드는 것이 교사의 임무입니다. 의식개혁이 필요합니다.

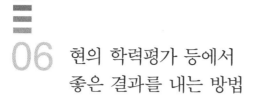

06 현의 학력평가 등에서 좋은 결과를 내는 방법

다양한 성적

함께 배움을 실천하기 시작하여, 지금까지의 단계를 밟고, 주의를 지켰다면 성적으로 결과가 나올 것입니다. 그런데 연말의 현(도) 학력평가 등의 결과에는 성과가 나타나지 않을 수도 있습니다. 왜 그럴까요?

사실 교사 자작 평가의 성적, 시중 평가의 성적, 현(지역교육청)이나 국가(문부성)의 표준 평가에서의 성적은 각각 별개입니다. 물론 상위권의 성적은 일치하지만, 많은 학생들에게는 별개입니다.

현의 학력평가 등의 채점을 해 보면, '어? 이런 문제, ○○라면 여유 있게 알 수 있는 문제인데 틀렸네……'라고 생각되는 것이 적지 않습니다. 초등 저학년에서는 현저합니다. 도형의 방향이 변하면 다른 문제라고 인식합니다. 전기회로의 회로도와 실물 그림은 별개입니다. '부피'를 '용적'이라고 쓰면 모릅니다.

이상한 국어

모든 교과는 국어 실력이 기초가 됩니다. 왜냐하면 어휘 정보를 기본으로 학습하기 때문입니다. 수학도 문장제 문제에서는 국어 실력이 필요합니다. 제 아들은 책을 좋아하기 때문에, 꽤 국어 실력이 있다고 생각했습니다. 그런데 초등 저학년 때, 수학의 문장제 문제를 모르겠다고 물으러 왔습니다. 읽어 보니 '맞아, 이런 문제면 모르겠구나'라는 생각이 들 때가 자주 있었습니다.

　수학에서는 일상생활에는 있을 수 없는 질문을 합니다. 예를 들면, '사탕이 5개 있습니다. 두 사람에게 나누어 주면 한 사람당 몇 개일까요?'라는 문제가 있습니다. 답은 2.5개입니다. 이런 나누기를 하는 사람이 있나요? 가위바위보를 해서 3개와 2개로 나누겠지요. 아들이 물었던 문제는 대체로 일상생활에서는 있을 수 없는 상황 이해가 필요한 것이었습니다. 그리고 그런 상황은 대학에서 배우는 해석학이나 대수학에서도 전혀 도움이 되지 않습니다. 수학에서만 도움이 되는 '수학국어'가 필요합니다. 그리고 수학뿐만 아니라 과학국어, 사회국어, 그리고 국어 국어조차도 필요합니다. 나아가 △△출판사평가 국어, 현의 학력평가 국어가 필요합니다. 학원이나 예비교에 다니는 학생은 그런 문장제 문제를 접할 기회가 있기 때문에 이런 문장들에 익숙해서 문제를 이해합니다. 그런 학생들이 거의 없는 학교가 현의 학력평가 등에서 좋은 결과를 내기 위해서는 어떻게 하면 될까요?

　시험 직전은 물론, 일상의 과제 속에도 현의 학력평가 등에서의 문제 표현을 의식한 과제 만들기가 필요합니다. 무엇보다도 교사가 현의 학력평가에서 성적을 올리겠다고 결심하고, 학생들에게 그것을 요구해야 합니다. 좋은 뜻을 지닌 많은 교사들이 점수 올리기를 원하는 것을 무언가 부정한 것처럼 느끼고 있습니다. 특히 현의 학력평가에서는 현저한데, 그러면서도 현의 학력평가 결과에 일희일비합니다. 점수를 올리려면 점수 올리기를 원하세요. 부끄러운 일이 아닙니다. 당신의 실력을 정당하게 많은 사람으로부터 인정받기 원한다고 말하면 됩니다. 학생들이 그런 마음이 없으면 결과는 나오지 않습니다.

07 서로 어울려 놉시다

교사가 가르쳐야 할 소중한 것

사람은 가르치고 싶은 욕구가 있습니다. 다른 사람을 가르쳐서 그 사람이 알게 되면 기쁩니다. 이런 마음은 학교 교육이 없었던 시대, 아니 원시시대에도 마찬가지였습니다. 많은 지식·기능을 같은 무리의 구성원들에게 전했기 때문에 수백만 년의 힘든 생존경쟁 속에서 살아남은 것입니다. 우리 교사들은 가르치는 본능이 강한 사람들입니다.

그런 사람에게 '가르치지 마시오'라고 하면 금단현상이 일어납니다. 그런데 이는 학생도 가르칠 수 있는 것을 교사가 가르치는 것을 멈추라는 의미입니다. 즉, 학생이 가르칠 수 없는 것을 가르치는 것은 당연하니 가르치세요. 구체적으로 어른이 되는 것은 어떤 것인가, 사람은 어떠해야 하는가와 같은 수준의 이야기는 교사밖에 할 수 없습니다. 그것을 말하지 말라는 게 아닙니다. 학생들에게 마음껏 말해도 좋습니다. 사실 최고의 학급을 만들어 내는 함께 배움 실천자 중 많은 사람들이 학생들에게 "야, 꽤 잘하네", "허, 그런 정리 방법이 있었네. 선생님도 몰랐네. 대단해~"와 같이 충분히 말합니다. 농담처럼, 놀이처럼, 싱글벙글 말합니다. 그리고 오래오래 따뜻하게 학생들을 지켜봅니다.

여러 교실에서 학생이 교사에게 하는 질문은 주로 "이렇게 하면 돼요?", "이렇게 하면 맞나요?"일 것입니다. 이런 질문은 교사가 세세하게 지시하기 때문에 나오는 것입니다.

함께 배움에서는 "선생님, 이거 멋지지요!"라고 자랑스럽게 말하게 됩니다. 이것은 교사가 세세하게 지시를 하지 않고, 그 일의 의미를 말하고 학생들의 달성 여부에 관심을 갖고 칭찬하기 때문입니다.

탁월한 경영자

미국의 경영학자 리커트는 높은 업적을 올리는 상사의 특징을 조사했습니다. 탁월한 경영자는 부하에게 무엇이 목표이고 무엇을 달성해야 하는지를 명확히 제시하고, 부하들이 자유롭게 일하도록 합니다. 이렇게 하면 부하는 자기가 진도를 조절할 수 있고, 자신이 생각한 가장 좋은 방법으로 아이디어와 경험을 활용하여 일을 추진할 수 있습니다.

반면에 업적을 내지 못하는 상사는 부하들과 많은 시간을 같이 보내지만 그 시간에 이것 해라, 저것 해라, 이렇게 해라 지시하여 시간을 짧게 잘라 냅니다.

과학자에 대한 분석에서는, 상사와 매일 접촉하지만 연구의 독립성을 확보한 사람이 가장 성적이 높았습니다. 상사와 접촉하는 시간에는 이것 해라, 저것 해라, 이렇게 해라와 같은 명령이 아니라 질문을 많이 하고, 그 일에 대한 관심과 열의를 보였다고 합니다.

함께 배움의 교사는 부하의 의욕에 불을 지르는 상사입니다.

"이렇게 하면 돼요?", "이렇게 하면 맞나요?"라는 세세한 질문을 받기보다는 "선생님, 이거 멋지지요!"라는 자랑을 듣는 편이 편하겠지요. 더

욱더 진전되면 "선생님, 저희들에게 맡겨 주세요. 괜찮습니다. 우리들이 해결할 수 있어요"라는 믿음직한 말을 들을 수 있을 것입니다.

보호자에게 알리는 방법

우선 결과로, 그 후는 수업 공개로

함께 배움을 처음 보면 깜짝 놀라지만, 학생들의 협동을 중심으로 한 학습이라고 설명하면 누구도 불만을 보이지 않습니다. 우선 가정통신문 등으로 알려 주세요. 그리고 무엇보다도 성적이라는 결과를 냅시다. 학부모에게 함께 배움을 이해시키려면 좋은 성적을 내지 않으면 안 된다고 학생들에게 솔직하게 이야기합니다.

학생들이 의욕을 보이면 성적은 오르기 마련입니다. 그다음에는 수업 공개를 합니다. 물론 설명 없이 갑자기 수업 공개를 하면 학부모들은 깜짝 놀랍니다. 사전에 어떤 수업인지 설명해 주세요. 그리고 어디를 봐야 하는지를 인쇄해서 알려 주기를 권합니다.

지금까지의 수업 참관에서는 가만히 우리 아이의 등만 바라보았을 것입니다. 그렇게 해야만 하다고 생각했기 때문입니다. 이런 학부모들께 한 사람 한 사람 다가가서, "아드님(따님)의 공부하는 모습을 잘 살펴보세요. 그리고 칭찬해 주세요"라고 말하며 등을 밀어 주세요. 처음에는 조심조심 다가가지만 곧 익숙해질 것입니다. 이런 보호자 한 사람 한 사람에게 다가가서 학생이 최근에 어떻게 노력했는지를 그 학생에게도 들리도록 짧게 말합니다.

학부모 참가형의 수업 참관도 가능합니다. 예를 들면 '~를 정리해서, 세 사람 이상의 학부모님에게 설명하고, 잘 설명했다는 인정 사인을 받는다'는 과제로 한다면 바로 학부모 참가형이 됩니다. 혹은 '학부모로부터 우리 마을의 특징을 듣고, 그것을 정리한다'는 과제도 좋습니다. 묵묵히 듣고 있기만 하는 수업 참관보다는 확실히 재미있을 것입니다.

한편, 내 아이만 잘하지 못하면 학부모가 무척 고통스럽겠지요. 그러니 의도적으로 간단한 과제를 제시합니다. 그 대신 자신이 해결한 것을 설명해 줄 사람 수를 조정함으로써 시간 조절을 할 수 있습니다.

학생들과 함께 전합니다

학생들에게 자신들의 학습을 보호자에게 알리기 위해 프린트나 팸플릿을 만들게 합니다. 그것을 공개수업 당일 배부합니다. 학생의 생생한 글은 보호자의 마음에 닿습니다. 이 작업의 효과는 그것뿐만 아닙니다.

함께 배움을 어떻게 설명하면 좋을까에 대해 학생들에게 토의를 시킵니다. 그것을 바탕으로 조금씩 프린트나 팸플릿을 만듭니다. 학생들은 참관 수업 전부터 집에서 설명할 것입니다. 그리고 수업에서는 이 수업의 좋은 점을 보이려고 보통 이상으로 노력할 것입니다.

함께 배움을 하면, 교사가 숙제를 내주지 않더라도 전원 달성을 위해 학생들은 예습, 복습을 하게 됩니다. 숙제를 내주지 않으면 학부모 중에는 불안해하는 분도 있습니다. 이 경우 숙제를 내주어도 좋지만, 숙제 내용은 최저한이고 목표는 전원 달성임을 강조해 주세요. 함께 배움에서는 전원 달성을 실현하기까지 가정학습은 끝이 없습니다. 내준 것만

하면 숙제 끝이라고 하는 종래의 숙제보다 훨씬 큰 숙제입니다.

판서를 하지 않으면 불안해하는 분도 있습니다. 그 경우, 지금까지 판서한 것을 인쇄해서 노트에 붙이는 방법을 써 보세요.

09 동료·상사에게 설명하는 방법

교사의 염원은 같다

함께 배움을 모르는 교사가 수업을 본다면 깜짝 놀라는 것은 당연합니다. 하지만 함께 배움에서 말하고 있는 것, 중요하게 여기는 것은 지극히 당연합니다. '한 사람도 포기하지 않는 교육', '교과 학습의 시간에 학급 만들기를 함으로써 정상적인 학급 만들기가 가능함', '학생들의 대화를 중요하게 생각하는 수업' 등등은 누구나 받아들일 것입니다. 단지 그것을 극한까지 추구해서 발전시킨 함께 배움 수업을 보고는 많은 교사가 놀랍니다. 따라서 이 수업을 갑자기 실시하면 '훌륭한' 동료로부터 주의를 받을 수도 있습니다. 물론 이 책에서 소개한 것과 같이 이벤트, 주 1회 정도라면, 지금보다 학생의 활동을 활발하게 한 수업 정도로 이해해 주실 것입니다. 그러는 동안에 역대의 담임들이 두 손을 들었던 학생의 변화나 평가 점수의 상승을 배경으로, 서서히 이해해 주시면 더욱 좋을 것입니다.

어느 중학교에서 함께 배움의 좋은 점을 최초로 알아챈 사람은 보건교사였습니다. 그 시간이 되면 보건실에 붙어 있던 학생이 없어집니다. 조사해 보니 함께 배움의 과학 시간이었다고 합니다.

교사가 진정으로 원하는 것은 같습니다. 자연스럽게 '한 사람도 포기하지 않는다'는 마음으로, 자연스럽게 다양한 동료, 상사와 마음껏 이야기하면 좋을 것입니다.

새로운 것이 확산되는 구조

제품이 확산되는 과정을 분석한 이론에 의하면, 새로운 제품을 구입할 때 '좋으면 주위에 사용하고 있는 사람이 없어도 사는 사람', '주위에 하나둘 사용하는 사람이 있고 평판이 좋으면 사는 사람', '평판이 정착된 후에 사는 사람'이 있습니다.

옛날 휴대전화 또는 현재의 스마트폰이 확산되는 과정을 생각해 보면, 자신은 어떤 타입이고 친구는 어떤 타입인지 알 수 있을 것입니다.

함께 배움으로 생각해 보면, 이 책을 사신 분은 가능성이 있으면 노력해서라도 배우려는 타입('좋으면 주위에 사용하고 있는 사람이 없어도 사는 사람' 또는 '주위에 하나둘 사용하는 사람이 있고 평판이 좋으면 사는 사람')입니다. 이 유형은 소수파이지만 전체의 2할 정도입니다. 여러분 학교에서 2할의 선생님은 비교적 빨리 함께 배움을 도입해 주실 분들입니다. 차분히 실적을 쌓아 나간다면 접근해 올 것입니다. 당신 외에 2명의 동지를 만드세요. 학교에 3명의 동지가 있으면 상당히 실천하기 쉽습니다. 그리고 2할의 사람이 동지가 되어 적극적으로 발언해 준다면 직원회의를 리드하는 것도 가능합니다.

핵심은 서두르지 말고 착실하게 실적을 쌓아 가면서 결과를 내는 것입니다. 그리고 흥미 있어 하는 분에게 알려 주세요. 흥미 없어 하는 사람을 이해시키려면, 사교집단의 종교를 권유하는 것으로 오해받습니다.

우리가 의지할 것은 이론이 아니라 주변의 실천입니다. 이해하는 사람이 많아지면 지금까지 흥미가 없었던 사람도 관심을 갖게 됩니다.

다시 한 번 강조하지만 가장 중요한 것은 주변 사람과의 상식적인 인간관계의 유지입니다.

10   교사가 보는 포인트는?

이 단계가 되면 학생 각각의 특성에 마음이 쏠립니다. 그래서 한 사람
도 포기하지 않는 것의 중요성을 알게 됩니다. 즉, 이 단계의 체크포인트
는 '집단의 유동성'과 '전원 달성'입니다.

아마도 주 1회 정도의 함께 배움에서는 초등학교 고학년 이상이 되면
남녀별로 집단이 형성될 것입니다. 특정의 학생들끼리 늘 함께하는 일도
나타날 것입니다. 그러면 기계적으로 그룹을 편성시키고 싶어집니다. 혹
은 남녀가 섞인 그룹을 만든다는 규칙을 정하고 싶어질 테지만 그렇게
하지 말아 주세요. 그 장소, 그때에 어떤 그룹이 적절한지를 판단하는
것은 당사자인 학생들입니다.

그리고 수십 명, 개개인이 정말로 이해했는지, 학생들의 관계의 질이
개선되었는지는 알 수 없습니다. 하지만 과제 달성 및 전원 달성 여부로
집단의 질을 알 수 있습니다. 물론 항상 전원 달성할 수는 없습니다. 교
사가 내는 과제의 질과 양에 따라서는 무리가 있을 수도 있지만, 그런
장면에서도 학생들이 필사적으로 노력하는 모습을 볼 수 있습니다. 예
를 들면 집단의 2할 이상이 예습해 오거나, 학생들에게서 '○○분밖에
남지 않았어~'라는 목소리가 나오면 확실하게 칭찬해 주세요.

그룹이 고정되는 것은 전원 달성을 철저하게 추구하지 않기 때문입니다. 자신은 빠지고 싶은 마음도 있습니다. '죽'이 맞지 않는 친구와는 교류하고 싶지 않다고 생각하는 것도 당연합니다. 학급의 8할이 달성하는 정도라면, 죽이 맞는 친구끼리 공부하면 가능합니다. 하지만 2할의 학생 (학력이 낮은 학생, 친구 만들기가 서투른 학생)은 그렇지 않습니다. 그리고 이 학생들과 죽이 맞는 학생이 누구인지 알 수 없습니다. 학생들은 시행착오를 통해 지금 이때, 이 장소에 맞는 상대를 찾습니다. 결과적으로 집단이 유동화됩니다.

마침내 어떤 상대에게 '같이 하자'고 말하면 반드시 '좋아'라고 응해 줄 것이라는 확신이 들면, 학생들은 새로운 그룹을 만들어 즐겁게 활동하게 됩니다. 다음은 수업 초기 그룹 편성에 대해 서로 이야기하는 장면입니다.

A 어디서, 누구와 하고 있니?

B 타쿠미하고…….

A 응, 나도 넣어 줘. 오늘만이라도 좋아.

B 임시로, 시험 삼아?

A 왜냐하면, 도통 모르겠어. 잠깐 이곳에서 같이 해 보고 싶어.

회상해 보세요. 초등학교, 중학교, 고등학교 시절에 '좋은 사람끼리 모둠을 만들라'는 교사의 말에 얼마나 복잡하게 생각했는지를. 학생들은 그럴 때 자신이 외톨이가 되지 않기 위한 '보험'으로 짝을 만듭니다. 관계가 불안해지면 그 반응으로 더 딱 붙어 다니는 관계가 됩니다. 그러나 화장실까지 손을 잡고 다니는 사이도 학급이 달라지면 급속하게 관계가 멀어집니다. '보험'의 효과가 없어지기 때문입니다. 혹시 교사가 홀수로 그룹을 만들라고 하면 학생들은 아주 복잡한 '정치'를 합니다. 그렇지만 함께 배움에서는 '시험 삼아'라고 가볍게 말할 수 있습니다.

또 그룹이 고정화되었는데도 불구하고 전원 달성이 가능했다면 과제가 너무 단순한 것입니다. 문제 수를 늘리지 말고, 난이도를 높여 주세요. 구체적으로는 전원 80점 이상을 85점, 90점으로 올려 주세요. 집단이 필사적인 상태가 되어야 최고의 집단이 됩니다.

11 공개수업 방법

공개수업 지도안 작성법

동료·상사가 수업을 보는 포인트는 교사가 어떻게 말하는지, 무엇을 판서하는지 등 교사가 하고 있는 것입니다. 이런 방식으로 함께 배움 수업을 파악하면 교사는 아무것도 하지 않는 것처럼 보입니다. 지금까지 읽으신 분들은 교사가 여러 가지를 하고 있음을 이해하실 것입니다.

공개수업에서 지도안을 작성할 때, 의식적으로 함께 배움에서 교사는 무엇을 하고 있는지를 써 주세요. 예를 들어, 많은 과제를 어떻게 하나의 과제로 수렴했는지를 학습지도요령을 근거로 설명해 주세요. 앞서 기술한 것처럼 학습지도요령을 읽으면 교과서에 기재된 것 중에서 어떤 것이 핵심이고, 별로 시간을 들이지 않아도 좋은 것은 어느 것인지 이해가 됩니다. '학생들의 어디를 주목해야 하는지', '학생에게 어떤 말을 해야 하는지' 등 이 책에서 예시한 것들을 쓰면 아무것도 안 하고 있는 게 아니란 걸 이해합니다. 결과적으로 지금까지의 지도안과 매우 비슷한 지도안이 됩니다.

역대 담임들이 두 손을 들었던 학생의 변화는 동료·상사가 이해하기 쉬울 것입니다. 그 학생이 성장한 모습, 지금의 과제를 써 주세요. 그리고 그 학생에게 직접 무엇인가를 하지 않고, 어떤 방식으로 집단에게 말함으로써, 주변의 친구들이 이 학생에게 어떻게 교류하는지를 써 주세요.

수업 참관 관점을 배부하다

학부모도, 동료·상사도 어수선한 수업에 어리둥절해서 뭐가 뭔지 모르는 상태에서 한 시간을 흘려보낼 위험성이 있습니다. 수업의 어디를 보아야 하는지 등 다음과 같이 참관 관점을 써서 배부해 보세요.

이 인쇄물을 학생들에게도 보여 주세요. 학생들은 응답할 것입니다.

> 오늘 수업 참관, 대단히 감사합니다.
> 이 수업은 학력 향상과 안심할 수 있는 학급 만들기를 동시에 실현할 것입니다. 아래와 같은 점을 염두에 두고 수업 참관에 임해 주시면 감사하겠습니다.
> 먼저, 학급 학생 모두가 재미있어하는지입니다. 이 점은 쉽게 아실 것이라 생각합니다.
> 두 번째는, 학생들 곁에 다가가서 학생들의 이야기를 들어주세요. 재미있게 잡담을 하고 있는 것 같지만, 공부 이야기를 하고 있을 것입니다. 다가가면 방해되지 않을까 염려되시겠지만, 학생들은 개의치 않을 것입니다. 학생들은 공부에 집중하고 있고, 무엇보다도 자신감을 갖고 있습니다.
> 세 번째는, 어떤 학생이라도 좋습니다. 이 수업에 관해 질문해 주세요. 학생들은 제대로 응답할 것입니다.
> 네 번째는, 시간이 지나도 공부에 계속 집중할 것입니다.
> 다섯 번째는, '모두'가 목표를 달성하기 위해 학생들이 '머리'를 사용하여 행동하고 있는 모습을 관찰해 주십시오.
> 마지막 부탁입니다. 학생들이 이해하지 못하거나 틀린 답을 노트에 쓰더라도 가르치지 말아 주세요. 이 수업에서는 학습을 통한 인성교육(학급 만들기)도 하고 있습니다. 교사가 가르쳐 주면, 의존하게 됩니다. 그 대신 "어, 이상하네"라고 좀 큰 목소리로 중얼거려 주세요. 주변의 친구들이 가르치러 올 것입니다.

오카야마 나오키(고등학교 영어 교사)

함께 배움과의 만남

처음으로 고교 1년생을 담임했을 때, 학생 한 명이 학교에서는 자기가 하고 싶은 것이 없다며 학교를 떠나갔습니다. 두 번째 1학년 담임을 했을 때는 한 학생이 학교에 오지 않게 되었습니다. 학급이 두렵다고 하면서. 그 학생은 전학을 갔습니다.

같은 것을 반복하고 싶지 않았습니다. 학급 통신을 연구해서 보내는 등 여러 가지 시도를 했지만 자신이 붙지 않았습니다. 교사가 되어 10년이 지나갈 무렵, 함께 배움을 책에서 보았습니다.

이제는 한 사람도 포기하지 않겠다는 각오로 함께 배움을 시작했습니다.

함께 배움으로 한 명도 포기하지 않고, 화합하는 학생들

함께 배움에 도전한 1년간, 학급에서 일이 있을 때마다 성인이 되는 소중함을 이야기했습니다. 즐거운 일도 고통스러운 일도 있었지만, 함께 배움을 하지 않으면 결코 얻을 수 없는 것이 확실히 있었습니다. 한 가지 일화를 소개하고 싶습니다.

반 년 정도 지난 어느 날, 학급의 A양이 학교에 오지 않았습니다. A는 중학교 때, 대단히 고통스러운 경험을 당했습니다. 성실하고 상냥한 A는 결코 중학교 때의 그 고통을 잊지 못했습니다. 그래도 고등학교 때는 학교가 재미있다며 매일 등교했습니다. 바로 이때 학급 친구가 그녀의 아픈 과거를 촉발하고 말았습니다. 깊은 슬픔, 요동, 결국 학교에 나오지 못하게 되었습니다. 그 슬픔과 고통의 깊이를 알고 있기에 담임인 저도 이제는 포기할 정도로 고통스러운 시간이 흘러갔습니다.

그때 A양은 친구와 확실하게 정리하고 싶다며 등교했습니다. 상담실에서 A는 친구와 대면했습니다. A가 한 말은 "우리들이 한 것은 함께 배움이 아니니?"라고 강하게 호소했습니다. 이때 대면한 친구가 상당히 낙담한 것 같아 이번에는 오히려 이 친구가 염려되었습니다.

다음 날 A는 친구와 함께 점심을 먹었습니다. 믿을 수 없는 광경이었습니다. 이런 모습이 며칠간 계속되었습니다. 서로 양보를 해, 한 사람도 포기하지 않는 모습이었습니다. 이때 저는 A의 말에 눈물을 흘리며 사과하는 친구의 모습을 바라만 보았습니다. 학생들은 서로 타협하면서 모두가 안심할 수 있는 학급을 만들어 주었습니다. 저는 감사의 기쁨이 솟아났습니다.

모두가 편안한 장소

'하이퍼-큐유'라는 집단의 편안함을 측정하는 설문조사가 있습니다. 제가 담임으로 있는 학급은 전체 분포가 홀로 떨어져 있는 학생이 나오기 어려운 연결로 이어져 있다는 결과를 보였습니다.

함께 배움을 시작해서 이제 막 1년이 지났습니다. 우선, 학생이 학교에서 다른 사람과의 연계를 소중히 여기는 모습을 눈으로 보았던 점에 감사하고 있습니다. 과거와 같은 일을 반복하고 싶지 않습니다. 학교라는 장소가, 아직 어린 학생들이 살고 있는 이 세계가 '한 사람도 포기하지 않는' 것을 진정으로 원하는 장소가 되기를 바랍니다. 그것을 실현시키는 것이 교육 현장에서의 저의 소명이라고 생각합니다.

멋진 학급을 실현하기 위해서

함께 배움은 마법이 아니라 철저하게 학술 데이터로 입증된 실천입니다. 이 실천은 일본 전국의 선생님들이 시행착오를 거치면서 쌓아 올렸습니다. 그 에센스를 이 책에 정리했습니다. 사실을 밝히면, 실은 많은 선생님들이 알고 있고, 이미 실천하고 있는 것입니다. 함께 배움은 그것을 분명하게 하고, 더 철저하게 한 것입니다. 결과적으로 종래의 수업과는 상당히 다른 모양이 되었습니다. 그 결과 '괜찮을까?' 하고 생각하실 수도 있습니다. 저는 다양한 분들로부터 '책에는 성공 사례만 있고, 실패 사례는 없는가?'라는 질문을 받습니다. 제가 아는 한 함께 배움을 시도해서 실패한 사례는 두 가지 형태가 있습니다.

첫째는, 이 책에 쓰인 것을 그대로 시행하지 않은 경우입니다. 입문 단계에서 자기식으로 하면 잘 안 되는 것은 당연합니다. 그리고 갑자기 '자, 시작하세요'라고 학생들에게 맡기는 게 불안한 것도 당연합니다.

둘째는, 동료나 학부모와 충돌해서 실천할 수 없는 경우입니다. 동료나 학부모의 양해를 얻기 위해 확실하게 할 필요가 있습니다.

이 책에서는 그것을 해결하기 위해 이벤트, 주 1회, 정기화라는 단계를 제안했습니다. 함께 배움은 마법이 아닙니다. 따라서 함께 배움이 완전하다고 말씀드리지 않습니다. 하지만 이전보다는 좋다는 것을 보증합니다. 그리고 대체로 상당히 좋습니다. 이유는 간단합니다. 이전에는 당신 혼자서 짊어질 수 없는 것을 짊어지고 있었기 때문입니다.

여러분의 제자 한 사람 한 사람의 얼굴을 떠올려 보세요. 그 누구도 포기하지 않는다고 한다면 함께 배움이 좋다는 것은 당연합니다. 그 '좋음'에서 출발하여 멋진 학급을 실현할 수 있습니다.

5장

반동을 피해
발전하는 방법

책방에 가면 산더미처럼 많은 다이어트 책이 있습니다.
그런데 여러분은 정말로 효과적인
다이어트 방법을 이미 알고 있습니다.
적당한 식사, 적당한 운동입니다.
이처럼 너무 당연한 것을 지키지 못하기 때문에
새로운 다이어트 방법에 의존하게 됩니다.
저도 그중 한 사람입니다.
사실 교육의 왕도는 상식적인 것을 계속하는 것입니다.
지금까지 이 책을 읽으신 분은 함께 배움이
극히 당연한 것을 말하고 있음을 이해하실 것입니다.
함께 배움도 다이어트처럼 반동이 있습니다.
시작하고 나서 3개월이 지나면
잘 진척되지 않는 사람이 있습니다.
왜 그럴까요?
당연한 것을 지키지 못하기 때문입니다.
그것을 예방하기 위한 방법을 소개합니다.

01　이런 징조 놓치지 말자!

좀 이상한데?

함께 배움이 작동하기 시작하면 인간관계로 오는 다툼이 급속하게 줄어듭니다. 성적도 오릅니다. 꽤 좋은 상태로 수개월이 지나면, 좀 이상하다고 느낄 때가 있습니다. 무엇이 이상한지 모르지만 무언가 이상합니다. '뭐 별일 있겠어' 하면서 그대로 방치하면 몇 주 후에 급격히 학급의 상태가 나빠집니다. 평가 점수가 한 자릿수인 학생이 나타나고, 인간관계의 갈등이 발생합니다. 교사는 '어째서 그처럼 좋았던 우리 반이……'라며 경악하게 됩니다.

좀 이상하다고 생각이 들면, 학급에서 공부 잘하는 학생 5, 6명의 모습을 살펴보세요. 물론 성실히 공부하고 주변의 친구들을 가르칠 것입니다. 그런데 대부분의 시간은 앉은 채로 있습니다. 이전과 달리 "아직, ○○가 완성 못 했네", "5분밖에 안 남았어"라는 소리가 들리지 않습니다.

함께 배움이 작동하는 것은 상위권 학생 2할이 필사적으로 전원 달성을 위해 노력하는 행동을 하기 때문입니다. 그리고 나머지 6할의 학생들이 상위권 학생들에 준하는 활동을 합니다. 그런데 상위권 학생들이 손을 놓고, 잠시 지나면 6할의 학생들도 활동하지 않습니다. 이때 갑자기 학급의 상태가 나빠졌음이 드러나게 됩니다. 사실은 좀 이상하다고 생각한 단계부터 상위권 학생들에서 이미 진행되고 있었던 것입니다.

함께 배움이 작동하면 지금까지 교사가 필사적으로 했던 것들이 불필요해집니다. 함께 배움의 초기에 필요했던 칭찬하기도 불필요해집니다. 그래서 학생들에게 맡겨 버린다는 것을 방임으로 착각하게 됩니다. 교육은 놀이가 아닙니다. 교육이 성립되기 위해서는 교사는 필수적 존재입니다. 겉보기에는 아무것도 안 하는 것처럼 보이는 함께 배움이지만, 교사의 존재는 절대적입니다. 특별히 말하지는 않더라도 교사는 항상 온몸으로 말하고 있는 것입니다. 교실을 전체적으로 바라보면, 학생들의 멋진 모습들을 발견할 수 있습니다. 그것은 무의식적으로 표정에 나타납니다. 반대로 손을 빼고 있는 학생을 볼 때에도 표정에 나타납니다. 학생들은 보지 않는 것 같지만 보고 있습니다. 특히 상위 학생 2할은 그것을 간파하는 능력이 뛰어납니다.

결정적 한마디

오늘 전원 달성에 실패했다고 합시다. 교사가 '뭐, 이런 날도 있겠지. 오늘 과제는 어려웠으니까'라고 생각하게 되면, 수업 마지막에 "오늘도 멋진 모습 많이 보았습니다. 하지만 전원 달성은 되지 못했습니다. 여러분이라면 가능합니다! 기대합니다"라고 말하게 됩니다.

그리고 '저 아이에게는 이 문제는 무리야'라고 교사가 생각하게 되면, 이 학생이 달성하지 못했는데도 "오늘은 모두가 달성되어 좋았습니다"라는 말이 나옵니다. 이 말과 수업 중 교사의 표정을 보고 상위권은 '전원 달성 안 해도 괜찮네'라고 생각합니다. 그래서 안심하고 손을 빼게 됩니다. 재미있지만 학급 전체를 생각해야 하고 가장 못하는 친구를 이해시키는 것은 힘듭니다. 가능하다면 손을 빼고 싶은 심정도 이해됩니다. 이런 것들을 놓치지 않는 것이 중요합니다. 학급 상황이 나빠졌다면 가슴에 손을 얹고 생각해 보세요. 그리고 문제점을 파악했으면 학생들에게 솔직히 사과하고 새 출발을 선언합니다. 학급의 상위권 2할은 바로 새 출발을 해 줄 것입니다.

02 가엾다는 생각은 안 됨

손잡고 하는 100미터 경주

100미터 경주에서 손을 잡고 골인시키는 학교가 있다고 합니다. 학생들 사이에 서열의식이 생기지 않게 하려는 이유 때문이라고 합니다. 그런데 손을 잡고 달려도 학생들은 누가 느리고 빠른지 이미 알고 있습니다.

만일 100미터 경주가 아닌 메밀국수 빨리 먹기 대회라면 학생은 서열의식을 갖지 않을 것입니다. 그런데 100미터 경주에서는 서열의식이 생기고 메밀국수 빨리 먹기 대회는 그렇지 않은 것은 왜일까요? 질문을 쉽게 바꾸면, 누가 학생에게 그렇게 생각하도록 한 것일까요?

그것은 교사입니다. 교사가 100미터 경주의 순위는 중요하다고 생각하고, 메밀국수 빨리 먹기는 중요하지 않다고 생각하기 때문입니다. 100미터 경주의 순위가 서열의식을 생기게 하는 이유는 무엇일까요?

저는 고교 졸업 후, 누군가와 경쟁해서 달렸던 적은 한 번도 없습니다. 즉, 100미터 경주의 속도는 성인이 되어 그렇게 중요한 것이 아닙니다. 100미터 경주에서 서열의식 발생을 방지하려면, 함께 골인시킬 것이 아니라 교사가 100미터 경주가 절대적인 가치를 지니고 있지 않다는 것을 이해하는 것이 중요합니다. 그리고 그것을 지극히 당연하다고 말하는 것이 중요합니다.

마음이 여린 교사는 공부 때문에 괴로워하는 어린이를 보면 가엾게 생각합니다. 또 인간관계 때문에 괴로워하는 어린이를 볼 때도 그렇게 생각합니다. 그리고 이 불쌍한 어린이에게 무언가를 해 주고 싶어서 '모두'라는 말을 하게 됩니다. 그러나 그것으로 사람은 움직이지 않습니다.

함께 배움에서는 '덕'이 아닌 '득'

예전에 모둠 활동을 하고 있는 학생들의 대화를 기록한 적이 있습니다. 대체로 1개월은 사이좋게 서로 협력합니다. 그 이상부터는 리더 격인 학생이 상대적으로 능력이 낮은 학생을 까칠하게 대하기 시작합니다. 이 학생 때문에 자기 모둠의 수행이 낮아지니까요. 처음에는 '싫음' 정도이지만, 점점 확실한 '비난'으로 바뀝니다. 주위 학생들도 동조합니다. 점점 공격은 심해지고, 그 아이는 참을 수 없어서 다른 모둠으로 피합니다. 상대적으로 능력이 낮은 학생이 없어졌으니 남은 학생들은 방해받지 않고 작업을 하게 됩니다. 그런데 그 학생이 없어짐과 동시에, 다음으로 약한 학생이 다른 모둠으로 가게 되어 결국 그 모둠은 붕괴됩니다. 아마도 자기가 리더 격인 학생의 다음 공격 대상이 될 것이라고 생각했기 때문일 것입니다.

반면에 끝까지 잘 진행되었던 모둠도 있습니다. 리더 격인 학생이 상대적으로 능력이 낮은 학생을 계속 지지했습니다. 그것은 단지 그 학생의 특성이 아닙니다. 큰 차이는 다른 학생들의 행동입니다. 붕괴된 모둠은 리더 격인 학생에게 모든 것을 일임합니다. 그런데 잘 진행된 모둠은 지원해 주는 횟수는 적지만, 리더 이외의 학생들도 지원해 주었던 것입니다. 그래서 리더 격인 학생이 '왜 나 혼자만'이라고 생각하지 않게 되어 초조함이 없어집니다. 즉, 모두가 모두를 위한다는 함께 배움이 성립되었던 것입니다.

어째서 그런 차이가 생길까요? 답은 교사의 마음입니다. 능력이 낮은 학생을 지원하는 것이 도움이 되지 않는다고 교사가 생각하면 능력 있는 학생들은 그것을 알아차립니다. 교사는 그런 학생을 가엾게 생각하지 말고 서로 배우는 것이 '득'이라는 것을 교사 자신이 이해해야만 합니다.

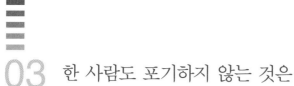

03 한 사람도 포기하지 않는 것은 내 자신에게도 도움이 된다

포기하지 않는 학급이 되기 위해서

많은 선생님들이 '한 사람도 포기하지 않는다'는 것을 도적적인 '덕'이라고 생각하지만, 그렇게 해서는 상위권 학생들이 움직이지 않습니다. 움직이더라도 한 달 정도 지나면 손을 빼기 시작합니다. 그리고 지적장애가 있는 학생이나 공격적인 학생이 있는 경우, 교사가 마음속으로 이들을 이해시키는 것은 어렵다고 생각하면 '한 사람도 포기하지 않는다'는 것을 철저하게 추구할 수 없습니다. 이미 언급한 것처럼, 그것을 피하기 위해서는 한 사람을 포기하는 학급은 두 번째 사람을 포기하게 되고, 그리고 세 번째, 네 번째는 여러분이 될지 모른다고 설명합니다. 마치 사회보장을 설명하는 것과 같습니다.

정말로 득이 된다는 생각

이질적인 사람과 교류하는 것은 사회보장적, 상조적 의미 이상으로 '득'이 됩니다. 예를 들어, 미국의 사회학자가 다른 사람의 소개를 받아 결혼한 사람에게 누가 소개해서 결혼했느냐고 질문했습니다. 친한 친구가 아닌 그저 아는 정도의 사람이라는 대답이 나왔습니다. 그 까닭은 무엇일까요? 친한 친구가 만날 기회나 시간이 더 많고, 결혼 상대를 찾아 주고 싶은 마음도 더 클 텐데 말입니다.

하지만 친한 친구는 자신과 동일한 정보를 공유하고 있습니다. 친구가 알고 있는 사람은 나도 알고 있을 경우가 많습니다. 그런데 그중에서는 결혼 상대를 못 찾았기 때문에 다른 곳에서 찾고 있는 것입니다. 즉, 자신이 필요한 정보를 알고 있는 것은 이질적인 사람입니다.

어떤 학급에서 함께 배움 후에 "누구한테 배웠느냐?"라고 질문했더니, 학급에서 공부를 제일 잘하는 친구가 최하위권 학생한테 배웠다고 응답했다고 합니다. 깜짝 놀라서 녹음했던 두 사람의 대화를 다시 들어 보았다고 합니다. 최하위 학생은 학급의 남녀관계를 비유하여 그날 배운 이온 결합의 강도를 재미있게 설명했습니다. 성적이 톱인 학생이 그 이야기를 듣고 있었다고 합니다. 아마도 톱인 학생은 남녀관계의 비유가 이온 결합 강도를 이해하기 좋은 예라고 생각했겠지요.

배움이 성립할지를 정하는 것은 가르치는 사람이 아니라 배우는 사람입니다. 사과는 뉴턴 앞에서만 나무에서 떨어졌던 것이 아닙니다. 사과는 때가 되면 떨어집니다. 그런데 그것을 보고 뉴턴은 만유인력을 배웠습니다.

우리 교사들은 가르치다는 것을 '교과서에 있는 것을 전한다'는 식으로 좁게 봅니다. 학생들은 (교과서 이외의 것이라도) 이해한 것을 배웠다고 (폭넓게) 생각합니다. 함께 배움에서는 배우는 사람과 가르치는 사람이 고착화되는 것은 아닌가 의구심을 갖는 사람이 있습니다. 그러나 함께 배움에서의 대화를 찬찬히 들어보면, 배우는 쪽과 가르치는 쪽의 입장이 서로 빙글빙글 돌아갑니다. 앞에서 언급한 바와 같이 최하위권 학생에게서 최상위권이 배우는 사례는 드물지 않습니다.

제가 말한 것을 여러분의 경험과 비교해 보면 같은 사례가 적지 않을 것입니다. 그런 사례를 학생들에게 이야기하면서 '득'이 된다는 것을 알려 주세요. 이야기하면서 교사 자신도 더 깊이 이해하게 됩니다.

04 새 출발을 해야만 할 때

대증요법으로는 도움이 되지 않는다

생각한 대로 학급이 잘 운영될 때에는 학생들에게 이야기하기가 쉽지만 그렇지 않을 때 이야기하는 것은 용기가 필요합니다. 이 점은 함께 배움 이전의 문제로, 종래의 수업에서도 그렇습니다.

저는 대학 연구실에서 수십 명의 학생을 담당하고 있습니다. 저의 연구실은 철두철미, 함께 배움으로 운영됩니다. 잘난 듯이 쓰고 있는 저도 인간입니다. 앞서 쓴 것처럼 잘 운영되고 있을 때 허점이 생기고 나태해집니다. 이렇게 되면 연구실을 리드하고 있는 학생한테 간파당합니다. 그가 사정을 봐주게 되면 여러 가지 문제가 일어납니다. 갈팡질팡하고 당황해서 허둥지둥합니다.

이런 상황에서는 문제가 일어나지 않도록 여러 가지 규칙을 정하고 싶지만, 연구생이 그 규칙을 지키려고 하지 않으면 의미가 없습니다. 또한 그 규칙이 기능하더라도 집단이 원활하게 돌아가지 않는 것은 변함이 없습니다. 결과적으로 이상한 곳에서 문제가 발생합니다.

혹은, 제가 말하는 것을 순종적으로 받아들이는 학생을 개인적으로 불러 문제를 수습시키는 방법도 생각할 수 있습니다. 아마 그 학생은 열심히 하겠지만, 학생은 관리자가 아닙니다. 아무 권한도 없는 학생이 할 수 있는 것은 한계가 있습니다. 그리고 '교수가 자기 편하고자 학생을 부리고 있다'는 것을 학생들이 알아차립니다. 그 결과 집단을 리드하고 있는 학생이 저를 포기하게 됩니다.

그 외에도 여러 가지 변명과 방법을 생각해 보았지만, 결국 제대로 사과하고 새 출발을 하는 것이 최선이라는 결론에 이르렀습니다.

학생을 믿는다

학생들에게 사과하면 교사의 권위가 실추되는 것은 아닌가 우려하는 분도 있습니다. 그렇다면 자신이 교장이라고 생각해 보세요. 학급에서는 여러분이 교장입니다.

일부 직원을 교장실로 불러 사태를 수습하려는 교장이나, 우선 '이것은 안 된다'는 규칙을 만드는 교장이 좋은 교장일까요? 이런 규칙들을 시행하면 어떻게 될까요? 아마 겉보기에는 좋아지는 것처럼 보일지도 모르겠지만, 직원은 교장의 마음을 간파합니다. 무엇보다도 직원 집단의 중심적인 사람이 멀리하게 됩니다. 오히려 솔직하게 사과하고 학교가 무엇을 지향하는지를 다시 말하면서, "한 번 더 노력해 봅시다"라고 해야 하지 않겠습니까?

그러면 '또야', '말만', '귀찮아'라고 생각하는 학생도 있겠지요. 혹은 직접 언급하는 학생도 있을 것입니다. 물론 지금 이 책을 읽고 있는 분은 학생들을 진정으로 생각하실 겁니다. 그 마음을 정말로 알아주는 학생이 2할 이상은 반드시 있습니다. 그리고 그는 학급을 리드하는 학생입니다. 그 학생은 새로 시작하는 것이 자신에게 득이 된다는 것을 이해하고 있습니다. 이 학생이 '하자'고 움직이기 시작하면, 이 모습을 본 학생들은 그런대로 따라올 것입니다.

그것으로 괜찮을까 생각할 수도 있습니다. 앞에서 언급한 것처럼 저도 그런 생각이 들었지만, 결국 이것 이외의 방법은 없습니다. 학생들을 믿읍시다. 적어도 2할의 학생들을 믿읍시다. 한 사람씩 얼굴을 떠올려 보세요. 반드시 2할은 있습니다. 괜찮습니다. 솔직히 말하면, 이 학생들은 자신을 위해서 노력할 것입니다.

05 경쟁은 절대 금물

경쟁과 협동

한 선생님에게 메일을 받았습니다. 내용은 최근에 있었던 문제 상황에 관한 것입니다. 내용은 다음과 같습니다.

칠월 칠석 장식을 만들고 있을 때, 학생들 사이에서 무슨 일인지 대나무 끝에 소원 쪽지를 붙이면 소원이 이루어진다는 이야기가 돌았습니다. 그래서 모두가 서로 대나무 끝에 끼워 넣으려 했으나, 균형이 안 맞아 대나무가 휘어져 망가질 것 같았습니다. 여기서 개입할까 하고 고민했지만, 그러지 않았습니다. 잠시 지나서 살펴보니 결국 쪽지는 전체적으로 흩어져서, 망가지는 것은 피했습니다. 잘 살펴보니 대나무 맨 꼭대기에 반에서 가장 발언이 센 학생의 쪽지가 있었습니다. 교사인 저는 어떻게 해야 할까요?

이런 때에는 도이체라는 사람이 쓴 『경쟁과 협동의 정의』라는 책이 참고가 됩니다. 그에 따르면 양자의 결정적인 차이는, 경쟁을 할 경우 일부의 구성원밖에 달성할 수 없는 목표를 제시한다는 것입니다. 예를 들면 상대평가 통지표에 '5'를 받자는 목표가 이에 해당합니다. 이 경우 누군가가 목표를 달성하면 다른 사람은 그것을 달성할 수 없다는 것을 의미합니다. 한편, 협동은 전원이 달성할 수 있는 목표를 제시한다는 것입니다. 예를 들면 절대평가 통지표에 '5'를 받자는 목표가 이에 해당합니다. 이 경우 전원이 목표를 이룰 수가 있습니다.

경쟁을 협동으로 바꾸기 위해서는

이 문제의 해법으로 하책은 가위바위보를 해서 이긴 사람으로 정한다는 규칙을 제안하는 것입니다. 이 경우는 결국 그 목표 달성이 가능한 사람과 그렇지 못한 사람이 생깁니다.

중책은 예를 들면 이렇게 말하는 것입니다.

> 들어 보세요. 대나무 끝에 소원 편지를 매달면 소원이 이루어진다는 생각은 바보 같지 않나요? 게다가 다른 사람을 밀어내고 매단 소원 쪽지를 신께서 허락해 주실 것이라고 생각하나요? 신에게 호소하는 방법은 여러 가지가 있지 않을까요?

이렇게 하면, '소원 쪽지에 그림을 그리고 싶다', '큰 소원 쪽지를 만들고 싶다', '다른 모양의 소원 쪽지를 만들고 싶다' 등 다양한 아이디어가 나올 것입니다. 이렇게 하면 모든 학생이 목표를 달성할 수 있습니다.

그렇다면 상책은 무엇일까요? 그것은 교사가 말하지 않더라도 위의 중책과 같은 것이 학생들로부터 나오는 학급을 만드는 것입니다. 구체적으로는, 학교생활의 대부분을 차지하는 교과 학습 시간에 교사가 경쟁이 아닌 협동을 늘 지향하고 그것을 추구하면, 이런 모습은 학생이라는 거울에 비칠 것입니다. 즉 함께 배움입니다.

경쟁을 하면 일시적으로 효과가 있어 보이는 경우가 있지만, 경쟁에 의해 올라가는 학생과 내려가는 학생이 생깁니다. 평균적으로는 오른 것처럼 보인다 하더라도 성적 분포를 보면 매우 치우쳐서 나타납니다. 더 심각한 경우는 분포가 양극화되어 중간치의 학생이 거의 없는 경우가 발생할 수 있습니다.

앞서 언급한 100미터의 경우는 그 순위를 과제로 정하지 말고 '모두가 작년보다 시간을 줄이자', '모두가 10초 단축하자'는 과제로 변경하면 협동이 나타납니다. 그것으로 좋지 않겠습니까? 100미터 속도가 인생을 좌우하는 학생은 없습니다. 그렇지만 모두가 모두를 지원하는 것이 '득'이라는 것을 이해하는 것은 모두의 삶에 영향을 끼칩니다.

06 모든 규칙이 필요 없게 된다

조용한 식당

교생 실습에서 돌아온 연구실 학생에게서 재미있는 이야기를 들었습니다. 그 실습 학교에서는 급식 시간에는 '말하기 중지'라는 것입니다. 혈기왕성한 학생들이 묵묵히 밥을 먹는다고 합니다. 좀 이상하지요. 그 학교 선생님께 이유를 물어보았더니, 학생들이 밥을 늦게 먹어서 식당에서 일하는 사람들에게 피해를 끼쳤고, 그래서 선생님들이 협의해서 말하기를 중지시켰다는 것입니다.

본래의 목적은 '급식을 시간 내에 다 먹도록 하는 것'이고, '말하기 금지'는 방법에 불과합니다. 또, '말하기 금지'가 좋은 방법이라고 할 수는 없습니다. 말하기 금지를 하더라도 밥 먹는 데 시간이 많이 걸리는 학생이 있습니다.

함께 배움이라면

한 함께 배움 학급에서도 같은 상황이었습니다. 담임은 시간 내에 급식을 다 먹지 못하면 급식조리원 여러분에게 피해를 끼친다는 이야기를 했습니다. 그리고 몇 시 몇 분까지 급식 먹기를 끝내려면 어떻게 하면 좋을까를 생각해 보자고 했습니다. 학생들은 온갖 방법을 생각해 냈습니다. 교사가 보기에는 대부분이 터무니없는 규칙이었지만 그대로 했습니다. "이렇게 하면 시간 내에 급식 먹기를 끝낼 수 있겠어요?"라고 학생들에게 확인했습니다.

처음 일주일 동안에 터무니없었던 규칙은 교사의 아무런 언급이 없이도 자연스럽게 정리되었습니다. 그리고 서서히 규칙 수가 줄어, 최종적으로는 약 10개의 규칙으로 정착되었습니다. 그 기간에 교사는 학생들이 시간 내에 급식을 먹었는지, 아닌지만 언급했습니다.

이윽고 약 10개의 규칙도 점점 줄어들어 최종적으로는 단 한 개의 규칙만이 남았습니다. 최종적으로 남은 규칙은 '시간 안에 급식을 다 먹기 위해서 각자가 자신의 머리로 생각해서 행동한다'는 것입니다.

사실 교사는 이와 같은 경험을 이미 했습니다. '지망 학교에 합격하기', '교원 임용고시에 합격하기'라는 글자 열 개 정도로 표현된 목표를 위해 1년 이상의 장기간에 걸쳐 자신의 머리를 사용하여 다양한 수단과 방법을 선택, 공부를 해 왔던 것입니다.

배울 필요성을 학생들이 느낀다면, 그것을 실현하기 위한 방법은 학생들이 스스로 생각할 수 있습니다. 그리고 생각하게 해야 합니다.

물론 사람이기에 빠지고 싶은 기분도 있습니다. 또 어떤 사람하고는 성격이 맞지 않는 것도 흔히 있는 일입니다. 학생들을 완전히 자유롭게 풀어 주면 그와 같은 마음이 조금씩 커집니다. 그 결과 더 높아지는 지망 학교에 합격하기 위해 필요한 능력, 그리고 사회에 나가면 정말로 필요한 능력인 '가르쳐 달라고' 부탁하는 능력, 누군가 '모르는 사람은 없니?'라고 물어볼 수 있는 능력을 습득할 수 없게 됩니다.

그래서 한 사람도 포기하지 않는다는 기본을 허물지 않는 교사가 필요한 것입니다. 이것이 교사가 할 제일의 임무라고 생각합니다. 이것만 확실히 하면 나머지는 학생들이 제대로 할 것입니다.

07 합동 수업을 해 보자

혹시, 여러분의 실천을 보고 자신도 하고 싶어 하는 동료가 있으면, 어떻게 알려 주면 좋을까요? 그리고 어느 정도 시간이 걸릴까요? 실은 매우 간단해서, 1회부터 제대로 하는 방법이 있습니다. 게다가 동료가 같은 학년이 아니더라도, 교과가 같지 않더라도, 통합 학급과 일반 학급이라도 OK입니다. 놀랍지요. 비법을 공개합니다.

합동으로 함께 배움을 하는 것입니다. 먼저, 사전에 그 선생님과 의논해서 언제 할 것인지를 정합니다. 그리고 그날의 과제를 만들어 주세요. 당신과 그 선생님의 학급의 과제가 달라도 좋습니다. 교과가 달라도 좋습니다. 당신의 전문 교과 이외의 교과인 경우 그 선생님과 이야기해 보면 어떻게 만들면 좋을지를 이해할 수 있을 것입니다. 힘이 들면 처음에 한 것처럼 시중의 문제를 활용하면 됩니다.

다음으로, 비교적 넓은 공간을 준비해 주세요. 시청각실, 회의실이 없으면 체육관이라도 좋습니다. 학생들은 바닥에 앉아서 문제 푸는 것을 좋아합니다. 그곳에 두 학급의 학생들을 모이게 합니다.

먼저 함께 배움을 처음 시작할 때 하는 말을 짧게 들려주고, 당신 학급에 과제를 알려 주고, 동료 학급에도 과제를 제시합니다.

그리고 "자, 시작하세요"라고 말하면 됩니다. 적어도 당신 학급의 학생들은 함께 배움이 어떻게 돌아가는지를 알고 있습니다. 이 학생들이 동료 학급의 학생들에게 알려 줄 것입니다. 보다 확실히 하고 싶다면, 미리 다음과 같이 말씀해 주세요.

> 이번에 ○○ 선생님이 함께 배움을 하고 싶다고 말씀하셨습니다. 여러분은 함께 배움이 자신에게 도움이 되는 학습임을 알고 있지요. 혹시 ○○ 선생님이 함께 배움을 해 주신다면, 다음 학년에서도 함께 배움을 할 수 있는 가능성이 높아지겠지요. (중학교라면, ○○ 시간에도 함께 배움이 가능할 것입니다.) 그런데 이번에 함께 해 보게 되었습니다. 그날은 ○월 ○일 ○교시이고 장소는 ○○입니다. 여러분은 그날 어떻게 해야 할지 알고 있지요. ○○ 선생님의 친구들이 깜짝 놀라도록 멋진 함께 배움을 전해 주지 않겠어요? 기대합니다.

이제 학생들이 어떻게 움직일지는 분명히 이해하시겠죠. 나아가 당신 학생 중에는 동료 학급에 친구가 있는 경우도 있습니다. 또 클럽 활동을 같이 하는 학생도 있을 테고, 그렇다면 사전에 이야기할 수도 있겠지요.

당신이 중고등학교 교사이고, 동료가 같은 학년이라면 성공률은 100%입니다. 왜냐하면 학생들이 수업 중에 어떻게 행동할지는 교과로 정해지는 것이 아니고 담당하는 교사에 의해 정해지기 때문이지요. 만약 그 학급의 수업을 함께 배움으로 하고 있었다면, 당신이 교실 앞에 서자마자 이 학급의 학생들은 함께 배움 모드로 되겠지요.

아마도 동료는 깜짝 놀라겠지요. 그럴 때는 학생들 곁으로 데리고 가서 학생들의 대화를 듣게 해 주세요. 이 학급에서 신경이 쓰이는 학생이 학습에 임하는 자세를 보여 주세요. 그 학생을 어떻게 칭찬하는지 보여 주세요. 먼저 당신이 시범을 보이고, 동료가 해 보게 하고, 동료를 칭찬해 주세요. 그리고 학생들의 태도를 화제로 삼아 동료와 마음껏 이야기해 보세요. 필시 웃으며 여러 가지 화제가 나오고, 또 해 보고 싶다고 말할 것입니다. 동료가 출장을 갈 때에는 자원해서 그 학급에 들어가 수업을 시도해 봅니다. 방법은 자습 과제를 그날의 과제로 바꾸면 됩니다. 출장이나 연말 휴가 때에 대신해 줄 수 있고, 고맙다는 인사를 받을 것입니다. 원래 자습 감독에 배정됐던 선생님한테도 고맙다는 인사를 받을 것입니다.

▶고등학교 함께 배움 사례 2◀

우에키 야스노리(니가타 현 고등학교 국어 교사)

함께 배움과의 만남

제가 당시 근무한 학교의 학생은, 솔직하고 성실한 반면, 수동적으로 지시를 기다리는 유형이 많고, 판서한 내용을 암기하는 것이 공부라고 믿어서 진정한 학력이 형성되지 않았습니다. 어떻게 해서라도 주체적으로 학습에 임하게 하고, 배움의 기쁨을 체험시키고 싶다고 생각한 제가 함께 배움과 만났던 것은, 한 진학 정보지의 기사였습니다. 함께 배움 지침서와 『스타트 북』을 읽고 기대를 갖게 되어, 즉시 신학년도 1학년의 '국어총합' 과목을 함께 배움 수업으로 실천할 계획을 세웠습니다.

원래 성실한 성격의 학생들, 게다가 신입생입니다. 그래서 처음에는 "모르는 것이 있으면, 주저하지 말고 일어나 돌아다녀도 좋으니 친구에게 가서 물어보세요"라고 재촉했습니다. 처음에는 조심스럽게 행동했지만, 순식간에 함께 배움을 흡수해서, 몇 번의 수업을 통해 협동해서 과제를 해결하는 수준에 도달했습니다. 작년보다 진도를 빠르게 짰지만, 학생들은 높은 수준의 내용을 어려움 없이 이해했습니다. 자고 있는 학생은 물론 없었습니다. 솔직히 의외였던 것은 능력이 안 되는 학생이 있는 그룹에서도, 귀 기울여 들어 보니, 제대로 과제에 임하고 있었던 것입니다. 학생들은 학습 환경이 갖추어지면 (바꾸어 말하면, 교사가 일제 수업으로 방해하지 않으면), '이렇게도 쑥쑥 재미있게 공부하는구나' 하고 수업을 할 때마다 놀라움과 감동이 몰려왔습니다.

힘이 붙으니 성적도 오르다

수업의 모습을 하나 소개하겠습니다. 몇 번 평론문을 요약하는 과제를 제시했습니다. 학생들은 먼저 각자 학습지에 요약하고, 친구들과 맞추어 보면서 의견을 나누고, 독해한 내용이 어긋나면 수정해서, 좀 더 좋은 표현으로 바꾸어 쓴 후, 최종적으로 200자 정도의 요약문을 칠판에 완성시킵니다. 완성된 요약문은 제가 사전에 준비한 해답보다 우수한 것도 있어서, 학생들 앞에서 '졌다'는 것을 인정한 일도 있었습니다. 귀찮아서 학습지를 빈칸으로 남겨둔 학생은 한 사람도 없었습니다. 이것이 얼마나 대단한 일인지는 국어 선생님이라면 확실히 공감하실 것입니다.

국어의 모의고사 성적은, 과거 5년 중에서 최저의 성적에서 출발했지만, 7월 성적은 두 번째, 11월은 톱으로 뛰어올랐습니다. 사실, 모의고사 성적이 거기까지 오를 것이라고는 기대하지 않았습니다. 일제 수업보다 학생들의 학력이 향상된 것은 확실합니다.

함께하는 학생, 함께하는 교사

그해에는 입학과 동시에 함께 배움을 실천했기 때문에 수업 중에 자연스럽게 인간관계를 맺을 수가 있었습니다. 단순히 사이가 좋은 것이 아닌, 쉬는 시간이나 방과 후에도 친구끼리 자연스럽게 공부 이야기가 가능한 분위기가 되어, 예년의 본교 모습에서는 볼 수 없었던 학년이 되었습니다. 그중에는 다른 사람과 교류하는 것이 서툰 학생도 있었지만, 전원 달성하자는 분위기 속에서 한 사람도 포기하지 않는 것을 서로 배웠습니다.

저는 학교를 옮기게 되었지만, 기뻤던 것은 후임 선생님이 함께 배움에 흥미를 갖고 계속해서 실천해 주신 것입니다. 학생들은 그 후에도 수업과 학교생활 모든 것에 함께 배움을 활용하여, 다양한 사람들과 교류하면서 자신의 과제를 해결해 갈 것이라고 확신합니다.

유토피아

　모든 일본 사람은 초·중학교를 다닙니다. 그리고 대부분의 사람은 고등학교에 갑니다. 우리 교사들은 한 사람도 포기하지 않는 것의 의미를 학생들에게 전할 수 있는 기회가 많이 있습니다. 다정다감한 12년간, 현대의 일본과는 거리가 있는, 학교라는 사회 속에서, 이상적인 민주주의를 체험하는 것이 가능합니다. 이런 학생들이 어른이 되면 어떤 사회가 실현될까요? 한 사람도 포기하지 않고 다양한 사람과 다양한 연계 속에서 생활할 수 있습니다. 무엇인가 고민될 때, 바로 상담 가능한 친구가, 걸어서 찾아갈 수 있는 범위 안에 많이 있는 것입니다. 지극히 평범하지만 태어날 때에는 수백 명으로부터 축복받고, 죽을 때에는 수백 명으로부터 위로받겠지요. 이런 모습이 모두가 함께하는 사회입니다. 그것이 제가 생각하는 유토피아입니다. 모두가 사이좋게 될 수는 없습니다. 속으로는 싫은 사람도 있겠지요. 하지만 그 사람을 포함해 보다 많은 사람과 화합하는 편이 유리하고, 쉽게 다른 사람을 잘라 내면 자신에게 손해가 된다는 것을 몸으로 알고 있는 사람이 사회를 움직이게 됩니다.

　이런 것을 현실로 실현해 보지 않겠습니까? 우리가 살아 있는 동안, 우리의 아이나 손자에게 유토피아를 제공할 수 있을 것입니다. 우리 교사들이 어린이들에게 줄 수 있는 최고의 선물은 계산 방법도, 한자를 쓰는 순서도 아닙니다. 우리는 모든 어린이들에게 그 아이를 포기하지 않는 집단을 선물할 수 있습니다. 교사로서 이만한 일이 또 있겠습니까!

후기

2010년 9월에 『학급이 활기차게 된다! 함께 배움 스타트 북』을 출간 하였습니다. 다행히 많은 분들이 읽어 주었습니다. 그 덕분에 많은 분들 이 함께 배움의 좋은 점을 이해했다고 생각합니다. 그 책에는 중요한 것 들이 많이 기술되어 있어서, 아직 읽어 보지 않은 분이 일독하신다면 이 책의 내용을 보다 더 잘 이해하실 수 있을 것입니다.

그런데 함께 배움의 구체적인 흐름이나 함께 배움의 좋은 점은 잘 알 겠는데, 갑자기 실시하는 것은 두렵다는 의견이 있었습니다. 이 책은 그 런 목소리에 응답하기 위한 것입니다. 이 책에서는 이벤트로 시작하여, 주 1회, 그리고 빈도를 높이는 단계를 제안하고, 각 단계의 구체적인 흐 름을 밝혔습니다.

끝까지 읽으신 분들은 우선 이벤트로 해 보셨을 것이라는 생각이 듭 니다. 주 1회, 그 이상으로 빈도를 올린다면 확실한 성과를 거둘 것입니 다. 이 책 서두에 함께 배움의 효과에 대해 이야기했습니다만, '그렇게 까지 효과가 나지 않더라도, 그 언저리까지는 갈 것 같다'고 생각하시는 분이 많았겠지요. 당연히 그렇게 생각하실 것입니다. 저도 다이어트 책 을 읽었을 때, 그 책에 쓰인 효과를 '깎아서' 읽습니다. 하지만 속은 셈치고 이 책대로 해 보신다면 서두에 쓰인 효과가 거짓이 아님을 아실 것입니다. 적어도 수 주간 내에, 확실히 계속 실천한다면, 이 책에서 읽은 일들이 일어날 것입니다. 그리고 3개월 정도 지나면 그 효과는 확실히 보이고, 지금은 상상조차 할 수 없는 '의욕'이 생길 것입니다. 이 책은 다음 단계로 나아가기 위한 '다리'입니다. 이 책은 어디까지나 최초의 단계를 보여드린 것입니다. 보다 멋진 학급을 지향하는 분들에게 다양한 준비를 해 두었습니다.

먼저, 책 소개입니다. 앞에서 말씀드린 『학급이 활기차게 된다! 함께 배움 스타트 북』이 있습니다. 또한 본서에서는 언급하지 않은 다른 학년과의 함께 배움에 대해서는 『바쁘다고 아무도 말하지 않는 학교』가 있습니다. 다른 학년과의 함께 배움을 하면 학급 만들기를 넘어, 학년·학교 만들기가 가능합니다. 나아가 함께 배움은 소위 '회색지대'인 특수교육에도 매우 효과적입니다. 그러한 내용은 『염려되는 학생 지도에 고민하는 당신에게』 담겨 있습니다. 그리고 저와 같이 함께 배움을 연구하고 있는 신슈 대학信州大學 미사키 타카시三崎 隆 교수의 『함께 배움 입문』을 권합니다.

일본 전국에는 함께 배움을 실천하고 있는 초등학교·중학교·고등학교·고등전문학교·전문대학의 많은 선생님들이 있습니다. 이분들은 실천의 기쁨과 고민을 블로그 등을 통해 나누고 있습니다. 많은 것들이 함께 배움 그룹(http://manabiai.g.hatena.ne.jp)에 있습니다. 저의 블로그에도 있습니다. 일부는 회원에게만 공개되는 블로그도 있지만, 간단하게 멤버가 될 수 있습니다. 언제든지 환영합니다. 블로그를 개설하고 싶을 때 도와주는 멤버도 있습니다. 그렇습니다. 학생들처럼, 다른 선생님들과의 함께 배움은 효과적입니다.

"저는 함께 배움을 잘 모르기 때문에 블로그는……"이라고 말씀하시며 주저하는 분이 있지만, 간단합니다. 모르기 때문에 블로그를 만드는 것입니다. 지금, 블로그를 운영하고 있는 사람의 과거 기사를 읽어 보세요. 고민하면서 성장해 온 모습을 알 수 있을 것입니다. 블로그에 고민을 쓰면, 누군가가 도와줍니다. 또 블로그를 통해 수업 참관 의뢰도 많이 들어옵니다. 그래서 블로그를 권합니다. 함께 배움은 '라이브'가 제일입니다. 블로그 이외에도 트위터나 페이스북으로 소통하는 동료도 있습니다.

현재, 매월, 일본의 어딘가에서 함께 배움의 모임이 개최되고 있습니다. '함께 배움 멤버 매거진'(http://www.mag2.com/m0000270912.html)에 등록하면, 그 모임이 언제, 어디에서 개최되는지 알 수 있습니다.

'함께 배움 멤버 매거진'은 함께 배움에 관한 각지의 행사 안내 등을 알려 줍니다. 함께 배움 모임에 참가해서 다양한 사람들과 대화하면 좋을 것입니다. 무엇보다 학생들에게 다른 사람과 교류하면 '득'이라고 말하는 사람들이기 때문에 처음 참가하더라도 친절하게 대해 주는 사람이 있을 것이라고 보증합니다.

마지막으로 저의 HP(http://www.iamjun.com)입니다. 함께 배움에 관한 다양한 정보를 탑재하고 있습니다. 아마도 전부 보기 위해서는 수개월 이상 걸릴 정도로 자료가 풍부합니다.

조에츠 교육대학교 교직대학원 교수

니시카와 준

선생님, 오늘도 함께 배움 수업해요?

인천 B초등학교 교사 백경석

A. 가만히 앉아 있으라고 말하지 않는 수업

서언이와 서준이 심부름하는 방법

한 방송사의 '슈퍼맨이 돌아왔다' 프로그램에서 서언이와 서준이 쌍둥이 형제가 각자 감자를 사 오는 심부름을 하는 장면이 있습니다. 혼자의 힘으로 감자를 찾는 서언이에 비해 서준이는 직원에게 물어보며 찾습니다. 여러분은 어느 아이가 심부름을 더 잘했다고 생각하시나요? 그리고 이 아이들이 성숙한 시민이 되어 살아갈 시대에는 어떤 능력이 더 필요할까요? 아마 많은 분들이 타인에게 의지하지 않고, 스스로 문제를 해결하는 서언이 쪽이라고 하시겠지요.

그전에 방영된 심리검사 일화에서도 서언이는 과자를 안 먹고 잘 참아 냈는 데 비해, 서준이는 금방 과자를 먹었던 적이 있었지요. 소위 마시멜로 실험이지요. 참을성 있게 과자를 먹지 않았던 학생들이 나중에 성공한다는 유명한 심리실험입니다. 참을성과 스스로 해결하려고 노력하는 것은 굉장히 소중한 덕목입니다.

그런데 이런 덕목은 산업사회에서 주로 강조되던 덕목이 아닐까요?

이 아이들이 살아갈 인공지능의 시대에는 오히려 호기심을 참지 말고 적극적으로 시도해 보고, 모르면 주변 사람이나 SNS에 질문하는 습관이 더 필요하지 않을까요?

지금부터 요구되는 인재상을 일본의 교육혁신을 주도하고 있는 타무라田村 學 문부과학성 교육과정 조사관은 "다양한 정보나 지식 중에서 적합한 것을 판단하는 능력, 다른 사람과 협력하는 능력, 새로운 것을 창출하는 능력을 갖춘 인재가 앞으로는 필요하다"라고 합니다.

그림 1_요구되는 인재상(田村 學, 2015: 11 수정 인용)

이해-사고형 학습관

판사는 재판의 결과인 판결문으로 말한다고 합니다. 교사는 무엇으로 말할까요? 아마도 수업의 결과인 학생의 성장일 것입니다. 그런데 어른들이 생각하는 그 성장은 구체적으로 무엇일까요? 안타깝게도 그것은 창의성이나 비판적 사고력이 아닌, 시험 성적과 착함입니다. 다른 말로는 점수와 어른들 말 잘 듣는 순종입니다. 점수와 순종을 위한 맞춤식 수업이 있습니다. 일제 강의식 수업(또 다른 이름은 암기 주입식 수업. 이하 일제 수업으로 기술)입니다.

일본 도쿄 대학東京大學의 후지무라藤村宣之 교수는 학습관을 암기-재생형과 이해-사고형으로 구분했습니다. 즉, 암기-재생형은 답과 해법은 오직 하나이고, 답을 외워서 적용하는 학습관입니다.[1] 반면에 이해-사고형은 답과 해법이 다양하며, 자신과 타인의 지식을 이용하여 생각을 구성해 나가며, 생각의 과정을 표현하여 타자와 공유하는 학습관입니다. 문제는 암기-재생형이 우리 사회에 넘쳐난다는 것입니다. 심지어 서울대에서 A+를 받는 최고의 우등생마저 고백하고 있습니다. 자신은 교수의 기침이나 농담도 받아 적는 암기-재생형으로 공부한다고.[2]

유아기부터 초등학교 저학년까지는 (중략) 자기 생각을 말하려 하고 자기 나름대로의 이유와 궁금한 점을 알려고 노력하지만(이해-사고형 학습관) 학교 또는 학교 밖의 학습에서 정답만이 중시되면, 암기-재생형 학습관이 강해진다. 자연스럽게 정답 찾기, 점수 올리기에 열중하게 되어 외우지 않으면 아무것도 쓸 수 없게 된다.[3]

문제 해결력과 창의력이 요구되는 스마트한 세상에 아직도 일제 수업이 강한 생명력을 유지하는 까닭은 편한 수업을 하려는 교사 탓만은 아니라는 것입니다. 사회 저변에 퍼져 있는 학습관의 문제이고 그 학습관을 견고하게 뒷받침해 주는 것은 대학입시입니다. 그런데 우리나라와 비

---

1. 東京大學教育學部カリキュラム・イノベーション研究会, 2015, p. 71.
2. 이혜정, 2014, p. 46.
3. 전재서, pp. 71, 72.

숫한 상황인 이웃나라 일본에서는 이 대학입시의 틀을 완전히 바꾼다고 합니다.

'액티브 러닝' 수업을 해라

2012년에 문부과학성에서는 앞으로 학교에서는 일제 수업을 하지 말고, '액티브 러닝' 수업으로 하라는 아주 이례적인 발표를 했습니다. 국가가 특정한 수업 형태를 콕 집어서 강권하고 있는 것입니다. 그러면서 '액티브 러닝' 수업을 이렇게 정의하고 있습니다.

교원에 의한 일 방향적 강의식 교육과는 달리, 학습자의 능동적인 학습에의 참가를 포함한 교수-학습 방법의 총칭. 학습자가 능동적으로 학습함으로써, 인지적, 윤리적, 사회적 능력, 교양, 지식, 경험을 포함한 범용적 능력 육성을 꾀한다. 발견 학습, 문제 해결 학습, 체험 학습, 조사 학습이 포함되지만, 실내에서의 그룹 토의, 토론, 그룹 워크숍 등도 유효한 액티브 러닝의 방법이다.

-일본중앙교육심의회 답신, 2012년 8월 28일

문부과학성은 2020년부터 기존의 지필 평가식 대학시험을 폐지하고 '액티브 러닝' 수업을 받은 학생에게 적합한 방식으로 입시 방법을 획기적으로 바꾸겠다고 합니다. 함께 배움 수업을 창안한 조에츠上越 교육대학의 니시카와西川 純 교수는 "2020년 대학입시 개혁은 메이지유신 이후 일본 교육의 3대 변혁이다"라고 평가합니다. 즉, 메이지유신 초기의 근대식 학제 실시와 태평양 전쟁 패전 이후의 민주주의 교육으로의 전환에

버금가는 대변혁이 예상된다고 합니다.

일본이 이러한 방침을 정한 배경에는 일본 경제·산업계의 강한 요구가 있었습니다.[4] 현재와 같은 일제 수업으로 길러진 인재로는 험난한 국제 경쟁에서 살아남을 수 없다는 위기감이 표출된 것이라고 합니다.

그래서 학습자가 능동적으로 학습함으로써, 인지적, 논리적, 사회적 능력, 교양, 지식, 경험을 포함한 범용적 능력을 육성하려면 '액티브 러닝' 수업을 해야 한다는 것입니다.[5] 때문에 일본 교육 현장은 우왕좌왕하고 있습니다. 지금까지 거의 일제 수업만 해 왔는데, 갑자기 문부과학성에서 '액티브 러닝' 수업을 하라니 말입니다.

이런 상황에서 '액티브 러닝'을 구현한 수업 형태로 함께 배움 수업이 크게 주목받고 있습니다. 함께 배움은 이미 20년 전에 개발되어 일부에서 착실하게 실천되고 있던 수업 형태입니다. 문부과학성이나 기업의 요구와는 전혀 상관이 없습니다. 그리고 그 철학은 기업이 요구하는 경쟁을 통한 인재 양성이 아닌, 자발적인 협동을 통한 평화를 사랑하는 민주시민 양성입니다. 그리고 나 혼자만 잘 사는 것이 아니라 '한 사람도 포기하지 말고, 모두 다 함께 잘 살자'는 지역 중심 유대관계를 강조합니다.

함께 배움 수업과의 우연한 만남

『함께 배움 스타트 북』이라는 책 내용 중에 "이 수업으로 공부하면

---

4. 기업이 교육정책에 강한 영향력을 끼치는 것은 바람직하지 않지만, 일본의 현실이다.
5. 도쿄 대학 교육학부가 총력을 결집하여 '액티브 러닝' 시대에 적합한 교육과정 혁신에 관한 연구 성과를 최근 출간하였다. 전재서.

일제 수업 모습   함께 배움 수업 모습

그림 2_수업 모습 비교(西川 純, 2012: 8, 9 인용)

학급 평균 90점 이상, 학급 최저 80점 이상을 보장한다"(西川 純, 2010)
라는 학원 광고 같은 문구가 있습니다. 점수를 보장하는 수업, 그것도
최저 80점 이상을 보장하는 수업이라니, 책을 팔기 위한 상술이라고 생
각했습니다. 그런데 그 책 말미의 참고 문헌에서 『'조용히!'라고 말하지
않는 수업』, 『'앉아 있으라!'고 말하지 않는 수업』이라는 책 제목을 보
고 깜짝 놀랐습니다. 10여 년 전에 출간된 책들입니다. 그런데 '가만히
있으라'는 말은 아직도 우리 사회 그 누구도 자유로울 수 없는 화두가
아닙니까?

　유튜브에 올라온 함께 배움 수업 동영상을 찾아보았습니다. 수업 시
간 중에 학생들이 정신없이 막 돌아다닙니다. 장날 시장처럼 시끄러운데
교사는 그저 바라만 봅니다. 어떤 제지도 없이 기웃거리거나 어슬렁거리
기만 합니다. 때때로 비스듬히 천장을 쳐다보며 중얼거리는데 학생들은
들은 체도 안 합니다. 수업 시간 중 30분 이상이 이렇게 진행됩니다. 차
분하고 정교하게 진행될 것이라는 예상과 달리 전혀 일본 수업답지 않
은 수업이었습니다.

　함께 배움 수업을 처음 본 사람은 모두 충격을 받는다고 합니다. 이

수업을 연구·실천하여 학위를 받고 교수가 된 미즈오치水落芳明 교사도 처음 이 수업을 접했을 때의 혼란스러움에 니시카와 지도교수에게 이의를 제기했다고 합니다. 이건 수업도 아니라며. 이에 대해 니시카와 교수는 수업의 겉모습만 보지 말고 그 속(내용)을 들여다보라고 합니다.

"이 친구들이 지금 무슨 이야기를 하고 있는지를. 어젯밤에 엄마 몰래 한 게임 이야기인지, 아니면 그저 잡담인지. 지금 이 학생들은 최선을 다하여 자기가 아는 것을 설명하고 있는 소리고, 모르는 친구는 최선을 다하여 듣고, 물어보고 있는 소리인 것을."

함께 배움 수업의 전개

함께 배움 수업의 전개는 단순합니다. 목표(과제) 제시-과제 해결 학습-평가의 3단계입니다. 좀 더 자세히 살펴보면, 시작종이 울리면, 5분 정도 교사가 이번 시간의 목표인 과제를 설명합니다. 과제는 모든 학생들이 한 사람도 남김없이 모두 다 과제를 해결해야 달성이고, 과제 해결을 위해서는 자유롭게 이동할 수도 있다고 말합니다. 물론 자유롭게 말할 수도 있습니다. 과제 해결의 시간도(최저 30분 이상)[6] 함께 제시합니다. 그리고 교사는 학생들에게 "자, 시작하세요"라고 말하고, 교사는 학생들의 학습 시간 중에는 학생들의 활동에 직접적으로는 관여하지 않습니다.

과제를 해결하기 위해서 학생들은 자유롭게 돌아다니면서 아는 친구에게 묻거나 모르는 친구에게 도움을 주기 위해 돌아다닙니다. 자료가

---

6. 일본 초등학교의 수업 시간은 45분이다.

있는 경우 자료를 확인하거나 내가 해결한 것이 정확한지 확인하기 위해 교사용 지도서의 답을 보기도 합니다.

자신들이 과제를 해결했다고 생각되면, 이번에는 친구에게 설명합니다. 이때 책의 내용을 그대로 읽거나 옮겨 적은 것을 그대로 설명하면 안 됩니다. 자신의 말로 설명해야 합니다. 그리고 듣고 있는 친구가 이해하도록 설명해야 합니다. 제대로 설명했다면 설명을 들었던 학생이 사인을 해 줍니다. 사인은 2~3명한테 받습니다. 제한 시간이 되면 학생들은 자리에 앉고, 과제를 해결했는지 확인하는 평가 시간을 5분 정도 갖습니다.

평가는 학습 내용에 대한 평가와 학습 태도에 대한 평가가 있습니다. 학습 내용에 대한 평가는 다양한 형태로 이루어지지만 보통 제비뽑기로 3명을 선정하여 오늘의 과제를 질문해서 설명해 보라고 합니다. 3명 모두 제대로 설명하면 목표를 달성한 것으로 간주하고 수업을 종료합니다. 학습 과정 중에 교사가 관찰하여 학생들이 이 시간의 과제를 모두 달성했다고 판단되면, 학습 내용에 대한 평가는 필요 없다고 합니다. 학습 태도에 대한 평가는 전원 달성을 위해 노력했는가? 또는 더 잘하기 위해서는 어떻게 해야 하는지 자기평가를 하게 합니다. 동기유발도 없고, 판서도 없고, 배운 내용의 정리도 없습니다.

함께 배움 수업의 세 가지 교육관

이 수업은 정말 보통 수업과 많이 다릅니다. 니시카와 교수는 함께 배움 수업은 단순히 방법이나 기법이 아니라고 합니다. 함께 배움 수업을 이해하려면 세 가지 사고방식을 바꾸어야 한다고 합니다. 즉, 학교, 아동, 수업에 대한 가치관의 문제라는 것입니다.

- **학교관** 학교는 다양한 사람과의 만남과 스스로 과제를 달성하는
  경험을 통해, 그 유효성을 실감하고, 보다 많은 사람들이 동료인
  것을 배우는 장소이다.
- **아동관** 어린이는 유능하다.
- **수업관** 교사의 (수업에서의) 임무는 목표 설정, 평가, 환경의 정비
  로 교수(教授-학생 입장에서는 학습)는 학생들에게 맡긴다(西川
  純, 2010).

이러한 세 가지 가치관에 입각한 수업은 어떤 형태라도 함께 배움 수
업이고 그렇지 않은 경우는 함께 배움 수업이 아니라고 단언합니다. 학
교관은 다른 학생 중심 수업들과 비슷하여 저항감 없이 받아들여집니
다. 하지만 수업관은 강한 저항감이 들 것입니다. 니시카와 교수는 "가
르치는 것이 좋아서 교사가 된 사람이 많은데, 이런 교사들에게 가르치
지 말라고 하는 것은 너무 고통스러운 사건일 것"이라고 말합니다. 하지
만 가르치는 것, 즉, 학습은 학생들의 몫이라는 것입니다. 그 이유는 다
음과 같습니다.

학생들은 각각 흥미, 능력, 학습 스타일, 선행 학습 정도 등이 다 다
른데 교사 혼자서 주어진 시간 내에 30명 가까운 학생들 모두에게 적
합하게 가르치는 것은 불가능하다. 또 학생들은 각자 선호하는 사람이
다른데, 교사가 학급의 모든 학생들과 성격이 잘 맞을 수는 없다. 오

히려 학생들 속에서 자신에게 가장 적합한 방식으로 가르치는 사람을 찾을 수 있고, 자신과 가장 호흡이 잘 맞는 사람을 찾을 수 있다.

함께 배움과 비고츠키의 최근접발달 실험

비고츠키는 2명의 8세 아동을 대상으로 흥미로운 실험을 했습니다. 두 아동 모두 지능검사에서도 자기 연령인 8세였습니다. 문제를 해결할 때, 한 명에게는 유도적인 질문이나 힌트를 주었고 다른 한 명에게는 자기 혼자 풀게 하였습니다. 그 결과 전자의 아동은 12세까지의 문제를 해결하고 후자의 아동은 9세까지의 문제밖에는 해결하지 못했습니다(柴田義松, 2006). 즉, 다른 사람의 조력에 의해 자신의 현재 발달 이상의 배움이 가능함을 보여 주는 실험이었던 것입니다. 그러면 성인과 동년배의 친구 중 어느 쪽의 조력이 더 배움이 잘 일어나게 할까요?

학생 A 원을 찾으라 하는데 (타원을 지적하며) 이것도 원인가?

학생 B 아니야, 이건 원이 아니야.

학생 A 왜 원이 아니야?

학생 B 응, 원은 잘 굴러가잖아. 그런데 이건 (타원을 가리키며) 잘
안 굴러가잖아.

학생 A 아, 그렇구나!

위의 대화는 2016년 3월 함께 배움 수학 시간 중에 들었던 저희 반 학생들의 대화입니다. 여러분은 초등학교 2학년이나 3학년 초기의 학생들에게 원을 어떻게 설명하시겠습니까? 중고등학교 수학 선생님이라면

"원이란 한 점으로부터 같은 거리에 있는 모든 점의 집합"이라고 설명하실 것입니다. 완벽합니다. 그런데 이 설명을 초등 저학년 학생들이 이해할까요? 저는 B처럼 A가 잘 이해하도록 설명할 자신이 없습니다.

한편, 상위권 학생들은 이미 알고 있는 것을 가르쳐만 주기 때문에 손해라는 생각이 들 것입니다. 하지만 '가장 잘 배우는 것은 가르치는 것이다'는 말처럼, 가르치면 더 깊게 알게 됩니다. 또 기억의 정착에도 도움이 됩니다. 그렇다고 중하위권 학생들이 일방적으로 배우기만 하지는 않습니다. 자신들이 배운 것을 다른 친구들에게 설명하기 때문에, 상호 호혜적인 관계가 됩니다.

학생 개인의 능력은 교사의 능력에 비할 바가 못 되지만, 한 학급 25~30명 정도의 학생들이 가지고 있는 다양성과 동시다발적인 접촉은 시너지 효과를 발휘하고 그 총합은 교사 혼자서 가르치는 것 이상인 경우가 많습니다.

그런데 교사가 학생을 가르치지 않는다는 것은 더 깊게 생각해 볼 문제입니다. 정말 가르치지 않는 것인가요? 가르친다는 것도 다양한 수준과 방법이 있지 않을까요? 유아라면 손을 맞잡고 하나하나 일러 주어야 할 것입니다. 함께 배움에서의 교사도 가르친다고 저는 생각합니다. 그 가르침은 가르치지 않는 가르침입니다. 즉, 학생이 학생을 가르치게 하도록 가르칩니다. 스스로 배우게 하도록 가르칩니다. 학생들의 자발성과 자존감을 훼손하지 않게 가르칩니다. 함께 배움에서 교사의 가르침은 고수의 가르침입니다. 그 방법 중 하나가 다음에서 설명하는 '가시화'입니다.

가시화(可視化)

함께 배움 수업에서는 학생들이 돌아다니면서 서로 배우기 때문에, 누가 과제를 해결했는지, 누가 못하고 있는지, 어디에 좋은 정보나 해결 방법이 있는지를 가시화可視化라는 방법으로 알려 줍니다. 즉, 가시화는 눈에 보이지 않는 것을 눈에 보이도록 하는 방법으로 교사뿐만 아니라 학생들도 가시화할 수 있습니다.

가시화에는 말로 하는 방법, 이름표를 활용한 방법 등이 있습니다. 이름표 활용 가시화는 과제를 해결하면 칠판의 해당되는 곳에 자신의 이름표를 붙이는 방법입니다. 이를 통해 누가 과제를 해결했는지, 누가 과제 해결을 못 하고 있는지를 알 수 있습니다.

말로 가시화를 할 때에는, 교사는 매우 조심스럽고 간접적으로 말해야 한다고 합니다. 예를 들어, "진수가 좋은 해결 방법을 알고 있네"라는 식으로 학생 이름을 직접 언급하지 않습니다. 진수 옆을 지나면서 약간 비스듬하게 천장을 보면서 "야, 멋진 아이디어야." 또는 "여기 좋은 정보가 있네!"라며 간접적으로 넌지시 언급합니다. 이렇게 하는 이유는 학생들은 각자 자신의 수준과 속도, 자신에게 맞는 상대를 찾아 서로 배우고 가르치고 있는데, 교사가 '진수의 방법이 제일이야'라고 일방적으로 단정 짓는 것을 피하기 위함입니다. 함께 배움 수업에서 선택은 교사가 하는 것이 아니라 학생이 스스로 하게 하는 철저한 학생 주도 수업임을 알 수 있습니다. 매우 정교합니다.

일제 수업과의 비교

일제 수업은 교사가 학생을 가르치지만 함께 배움에서는 교사는 과제를 부여하고, 학생은 학생들끼리 가르치면서 배웁니다. 일제 수업에서는 학생들에게 조용히 앉아 있는 태도가 권장되지만, 함께 배움은 서로 가르치고 배우기 위해 일어나 돌아다니는 것을 권장합니다. 일제 수업에서는 교사의 속도대로 수업이 진행되지만 함께 배움은 학생 각자의 속도대로 학습 내용을 배울 수 있습니다. 일제 수업에서는 학생은 침묵하는 시간이 많지만 함께 배움에서는 서로 소통(커뮤니케이션)하는 시간이 많습니다. 일제 수업에서는 모르는 내용이 있어도 교사에게 질문하지 않고 수업이 그대로 흘러가 버리지만, 함께 배움에서는 모르는 학생은 알 때까지 친구에게 가서 물어볼 수 있습니다. 또 친구가 와서 가르쳐 주기도 합니다. 왜냐하면 한 명이라도 과제 해결이 안 되면 그 시간의 과제 달성은 실패한 것으로 간주하기 때문입니다.

'배움의 공동체' 수업과의 비교

'배움의 공동체' 수업과 함께 배움 수업 모두 협동 학습의 일종으로 학생들의 주체적인 배움을 중시하는 것은 비슷합니다. 하지만 수업관, 아동관에는 차이가 있습니다.

배움을 중심으로 하는 수업이란 통상적인 일제 수업보다는 높게 설정된 내용 수준과 교실에서 가장 이해하지 못하는 학생의 질문 수준 간에 생기는 큰 간격을 교사와 학생들이 협동하여 메워 가는 실천, 바로 그것이다. 이 어려운 과제를 달성하는 것이 모둠 활동을 통한 협동적 배움인 것이다(佐藤 學, 2012: 42). (중략) 교사가 해야만 하는 것은 모둠에 참여하지 못하는 학생을 모둠 학생과 연결해 주는 것이지 그러한

(모둠에 참여하지 못하는) 학생의 질문에 답하는 것이 아니다(佐藤 學, 2012: 65).

어린이들은 유능하다. 그것은 우리 어른들과 같은 정도(로 유능)이다. 할 수 있는 것과 없는 것이 각각 다르지만, 협동하면 개개인이 가진 힘의 총합 이상의 것이 가능하다. 교사가 어린이에게는 무리라고 생각하면, 손이나 입으로 알려 주어야 할 것이 산처럼 생길 것이다. 하지만 믿고 맡겨 버리면 어린이들은 본래 가지고 있는 힘을 발휘해서 과제를 달성해 낸다. 그것은 교사의 예상을 뛰어넘을 때조차 있다. 수업은 교사가 가르치지 않고, 어린이들 스스로가 함께 배워 내는 것이 함께 배움이다. 교사가 목표를 설정, 평가를 하지만, 학습은 어린이들 서로가 힘을 합쳐서 과제를 달성해 나가는 것이다(西川 純, 2010: 43).

'배움의 공동체' 수업의 교사는 모둠 활동에 참여하지 못하는 학생을 모둠 활동에 참여하도록 연결해 줍니다. 반면에 함께 배움에서는 철저하게 학생들끼리 해결하도록 합니다. 즉 함께 배움에서는 학생 집단의 역동적 상호작용으로 과제 달성이 교사의 직접적 지도 없이도 가능하다고 믿습니다. 이러한 상호작용 관계를 미즈오치水落芳明는 '배움의 공동체' 수업을 교사가 연결해서 짜 주는 '방직형'으로, 함께 배움 수업을 학생들이 주도적으로 서로 상호작용하는 '네트워크형'으로, 일제 수업을 학생들의 상호작용이 없는 '닭 사육형'으로 구분했습니다. 함께 배움이 가장 활발한 소통이 일어나는 수업의 형태임을 알 수 있습니다.

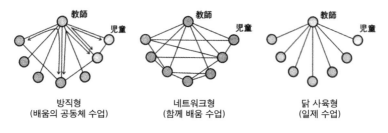

그림 3_수업의 상호작용(水落芳明, 阿部隆幸, 2014: 160 수정 인용)

B. 학력과 인성을 모두 보장한다는 수업

목표-학습-평가의 일체화

함께 배움 수업에서 교사의 역량이 드러나는 곳은 바로 과제 작성입니다. 어떤 과제를 제시하느냐에 따라서 수업의 성패가 결정된다고 해도 과언이 아니라고 합니다. 그런데 함께 배움 수업이 개발된 지 20여 년이 지나면서 최근에는 과제 자체보다는 목표(과제)-학습-평가의 일체화가 중요하다는 점이 강조됩니다. 즉, 평가도 강조됩니다. 그래서 목표(과제)를 제시할 때 다음과 같은 세 가지 요소가 처음부터 포함되도록 하고 있습니다.

- 과제는 관찰 가능한 어휘로 표현될 것.
- 과제의 평가 시기를 명확히 할 것.
- 평가는 과제와 연계된 평가일 것.

_水落芳明, 阿部隆幸, 2014: 13.

함께 배움 수업에서도 학생들이 학습 목표(과제)를 잘 모르는 경우가 있는데 이는 사전에 평가에 대한 언급이 없었거나 명확히 하지 않았기 때문으로 봅니다. 과제를 제시할 때 무엇을 평가하는지, 어떻게 평가할지를 명확히 알려 주어야 학생들이 방향을 잃지 않고 과제 해결을 할 수 있다고 합니다.

예를 들면, 학생들에게 과제를 설명하면서 "평가는 학습 종료 후 제비뽑기로 3명을 선정하여 이번 시간의 과제를 친구들에게 설명하도록 하겠습니다. 3명이 모두 제대로 설명하면 전원이 이번 시간의 목표를 달성한 것으로 간주하겠습니다"라고 명확하게 평가를 언급하는 식으로 말합니다.

교사보다 유능한 학생들

함께 배움 수업은 단순한 방법이나 기법이 아닌 사고방식이라고 합니다. 즉, '학교란 무엇인가?', '아동의 능력은 유능한가?', '수업(학습)은 누가 하는 것인가?'에 대한 가치 선택입니다. 약 한 달 동안 3학년 한 학급을 대상으로 수학과 사회 과목을 함께 배움 수업으로 실천해 보았습니다. 수업을 시작하면서, 가장 받아들이기 어려웠던 부분은 교수(학생 입장에는 학습)는 교사가 하는 것이 아니라 학생들이 하는 것이라는 함께 배움의 수업관이었습니다. 과연 학생들에게 맡겨 두었을 때, 교사의 직접적 지도 없이도 학습 목표 달성이 가능할 것인가라는 물음은 결국 교사인 나의 아동관을 묻는 것이었습니다.

함께 배움 사회과 수업에서, '수업은 한 번 실패하면 다시 되돌릴 수 없고, 이 학생들을 실험 대상으로 삼을 수 없다'는 생각이 들었습니다.

그래서 과제를 도표로 정리하면 좋다고 권하면서 도표 양식을 칠판에 그려 주었습니다. 과도한 가시화를 하고 말았습니다. 대부분의 학생들은 교사가 제시한 양식을 그대로 활용했지만, 세 명의 학생은 달랐습니다.

표를 이용한 정리 노트　　　연꽃 양식의 정리 노트　　　마인드맵으로 정리한 노트

그림 4_다양한 양식의 정리 노트

알려 준 양식은 도표 한 개에 과제 2개를 모두 정리하는 것인데, 과제마다 따로 표로 정리한 것, 연꽃 양식의 표로 정리한 것, 마인드맵으로 정리한 것의 세 가지 새로운 양식이 학생들 사이에서 나왔습니다. 과제마다 따로 표로 정리한 양○○ 학생은 "따로따로 정리하니, 더 이해하기 쉬웠어요", 연꽃 양식으로 정리한 김○○ 학생은 "표보다 더 예쁘고 알아보기 쉬워요", 마인드 맵으로 정리한 이○○ 학생은 "자꾸 떠오르는 생각을 정리할 수 있어서 좋아요"라고 발표했습니다.

"여러분 각각 자신에게 맞는 방법이 있었군요! 멋져요! 선생님보다 더 잘합니다."

어떤 정밀한 교육이론보다 한 번의 이 체험이 학생들의 유능함에 대한 저의 인식을 바꾸어 놓았습니다.

달라지고 있는 아이들

함께 배움 수업에서는 학생들의 과제 달성 여부를 한눈에 알 수 있도록 이름표를 칠판에 붙여 가시화를 하는 경우가 많습니다. 그 활용 방법은 여러 가지가 있습니다. 〈그림 5〉의 사례 1의 경우는 단순히 과제를 달성한 사람과 달성하지 못한 사람만을 구분해 줍니다. 그런데 과제(문제)가 한 개인 경우는 상관없지만, 많은 경우에는 다른 친구들이 몇 번 문제까지 해결했는지 모릅니다. 그래서 생각한 것이 사례 2입니다. 즉, 과제 해결의 단계를 두어 단계별로 이름표를 옮겨 붙이도록 한 것입니다. 이렇게 하면 현재 누가 어느 단계에 있는지를 알 수 있습니다.

또 다른 고민은 친구들의 도움을 받아도 주어진 시간 내에 과제 해결이 안 되는 학생이 있는 경우입니다. 과제 해결이 안 된 채로 이름이 붙어 있다면 그 마음이 어떨지 짐작이 갈 것입니다. 어떤 방법이 좋을지 고민하고 있었는데, 최근 간행된 책(水落芳明, 阿部隆幸, 2015)에서 그 해법을 발견했습니다! 〈그림 5〉의 사례 3이 그것입니다. 이 사례는 먼저, 과제 달성의 정도를 3단계로 구분합니다. 예를 들어 수학 문제 1번에서 3번까지 푼 사람은 B단계의 과제 해결한 것으로 인정하여 B단계 해결란에 이름표를 붙입니다. 4번에서 6번까지 푼 사람은 A단계 해결란에 이름표를 붙입니다. 문제 풀이뿐만 아니라 설명도 할 수 있으면 S단계에 이름표를 붙입니다. 이렇게 하면 정도는 다르지만 누구나 과제 해결이 된 것입니다.

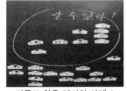 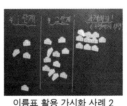 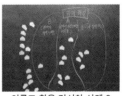

이름표 활용 가시화 사례 1 　이름표 활용 가시화 사례 2 　이름표 활용 가시화 사례 3

그림 5_이름표 활용 가시화 사례 세 가지

과제 달성을 확인하는 평가에서도 자신이 도달한 단계만 발표하면 달성으로 간주하기 때문에 다른 친구들에게 미안해할 필요도 없습니다. 그런데 이런 식이면 최선을 다하지 않고 적당히 낮은 단계만을 목표로 대충하는 일도 예상됩니다. 즉, 최선을 다하면 S단계까지 도달할 수 있지만, 적당히 해서 A단계까지만 달성하고 그만해야지 또는 놀아야지 생각하는 학생도 발생할 수 있을 것입니다. 하지만 지금까지의 실천 중에서 주어진 시간 안에 어떻게 해서라도 최고 단계인 S단계까지 가기 위해서 필사적으로 노력하는 모습을 학생 모두가 보였습니다. 평소 수업 시간에는 거의 아무것도 안 하던 친구까지도 최선을 다해서 자신의 해결 단계를 높이려 노력하는 모습을 보였습니다.

학생들의 자존감을 높이는 방법을 궁리하다 보니 이름표를 활용한 여러 가지 방법을 강구하게 되었습니다. 하지만, 저는 사례 1이 좋다고 생각합니다. 수준 차이가 너무 나서 불가능하다고 생각했던 것이 극복되는 경우가 더 많습니다. 힘들고 어렵지만, 어려운 과제를 협동하여 극복하는 과정 자체가 함께 배움이기 때문입니다. 또 과제를 달성하지 못한 것은 그 학생의 탓이라기보다는 우리 모두의 책임이라고 이야기하면 됩니다. 의외로 학생들은 이런 논리를 순수하게 받아들입니다. 이런 점은 어린이들이 어른보다 낫습니다.

수학 평가 결과

함께 배움 수업 동영상을 처음 보았을 때의 '소란스러움'은 지금도 기억에 생생합니다. 함께 배움 수업은 그 소란스러운 과정보다는 결과가 말해 준다고 합니다. 잘 정돈되고 차분하게 진행되지는 않지만, 그 결과를 보라고 말하면서 학급 평균 90점, 학급 최저점 80점 이상을 보장한다고 합니다. 20여 년의 실천 연구 결과라는 것입니다.

함께 배움 수업으로 수학 10시간, 사회 10시간 총 20시간을 실천했습니다. 수학은 한 단원 전체(3학년 2학기 6단원 자료의 정리)를 진행했습니다. 그리고 단원평가를 실시했습니다. 평가 문항은 같은 학년에서 공통으로 사용하고 있는 I사의 평가 문항을 사용했습니다. 문항은 20개이고 상, 중, 하의 난이도가 고루 섞여 있지만 전체적인 난이도는 중간 정도입니다. 그 결과가 〈그림 6〉입니다.

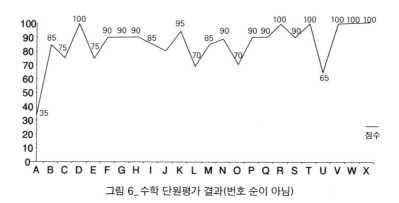

그림 6_수학 단원평가 결과(번호 순이 아님)

먼저 전체적으로 살펴보면, 학급 평균 85.42점, 최하점수 35점, 만점자 6명의 결과입니다. 평상시의 단원평가 학급 평균점 80점보다 5.42점 향상되었습니다. 평소의 최하점은 20점 정도인데 15점 올랐고, 평소 만점자는 3명 정도인데 이번에는 6명입니다.

학생 개인별로 살펴보면, D학생의 경우 평소 매우 성실하고 수업 자세가 좋은 학생임에도 불구하고 수학 성적은 70점 미만이었는데 이번에 처음으로 100점. 이번 단원평가를 대비해서 따로 집에서 공부한 적이 없었고 평소 습관대로 학교 수업 시간에만 공부했다고 합니다. G학생의 경우 평소 70점대인데 90점으로, L학생은 평소 20점대였는데 70점을 획득했습니다. Q학생의 국어 실력은 80점대이고 수업 자세가 무척 좋은 학생인데 수학 점수가 상대적으로 올라가지 않고 집에서 많이 노력해도 70점대인데, 이번에 90점 획득했습니다. V학생은 평소에 발표를 매우 활발하게 하는 학생인데, 덤벙대서 실수를 많이 하는 편으로 75점대인데 이번에 처음으로 100점을 획득했습니다.

종합하면 상위권, 중위권, 하위권 모두 성적이 향상되었습니다. 특히 중위권 학생들의 약진이 두드러져 60~70점대 학생들이 80~90점대로 상향 이동했습니다. 24명 학생 중 1명만 빼고[7] 모든 학생들의 점수가 평상시 자기 실력보다 향상되었습니다. 함께 배움 수업 10시간의 실천으로 거둔 결과입니다. 함께 배움 수업이 보장하는 학급 평균 90점 이상에는 미치지 못했지만, 수학에 대한 재미와 관심이 고조되어 가고 있었던 점을 고려할 때, 더 상승할 여지는 충분하다고 판단됩니다.[8]

사회 과목도 10시간 실천했지만, 한 단원의 분량을 다 실천하지 못했기 때문에 단원평가는 실시하지 않았습니다. 사회과는 개념에 대한 이해가 쉽지 않고 배경지식이 있어야 하는 과목으로 학생들이 어려워하고 싫어하는 과목인데, 설문조사 결과 사회 과목이 더 좋아졌다고 하는 비율이 76%인 점은 고무적인 일입니다.

---

7. 이 학생의 경우 틀린 문항을 검토하면서 본인에게 물어보니, 아는 문제인데 답의 번호를 잘못 썼다고 한다.
8. 2016년 수학 단원평가에서는 1단원 평균 74점(비교반: 79점), 2단원 82점(비교반: 80점), 3단원 88점(비교반: 82점)으로 꾸준히 향상되고 있다.

표 1_함께 배움 수업 인식 설문조사 결과

설문	설문 내용	그렇다 응답 비율(%)	
		한국	일본
1	함께 배움 수업이 좋습니까?	92	96
2	수업 내용은 이해가 됩니까?	76	88
3	함께 배움 수업으로 계속 공부하고 싶습니까?	84	96
4	수학 공부가 어떻게 되었습니까?	좋아졌다	
		80	100
5	사회 공부가 어떻게 되었습니까?	76	·
6	함께 배움 공부로 더 좋아진 점 두 가지		
	모르는 것을 바로 물을 수 있다.	80	89
	친구 관계가 좋아졌다.	64	74
7	함께 배움 공부로 나쁘다고 생각한 점 두 가지		
	사실은 잘 모르는데 아는 척하는 사람이 있다.	48	44
	시끄러워서 집중하기 어렵다.	48	26

설문조사 결과

함께 배움 수업에 대한 인식을 파악하기 위해 설문조사를 무기명으로 엄격하게 실시했습니다. 일본의 조사 결과와 비교한 것이 〈표 1〉입니다.

의미 있는 결과입니다. 이는 약 한 달이라는 단기간 실천으로 속단하기 어렵지만, 함께 배움 수업이 좋다는 응답이 거의 일본 수준에 근접한 92%인 점으로 살펴볼 때 다른 항목에서도 일본과의 차이는 줄어들 것으로 판단됩니다. 특히, 시끄러워서 집중하기 어렵다의 항목은 48%로 일본의 26%보다 높습니다. 이는 그동안 차분히 앉아 있으라는 소리를 많이 들었던 학생들이 자유롭게 돌아다녀도 된다고 하니, 눈 온 날 강아지처럼 해방감을 발산했기 때문이라고 판단됩니다. 일본의 사례에서도 도입 초기에는 이러한 경향이 나타난다고 합니다.

함께 배움 초기에 나타나는 이 소란스러움은 어떤 의미가 있을까요? 저를 포함한 대부분의 선생님들은 공부란 정교한 것이기 때문에 차분히 집중해야 효과적이라고 생각하실 것입니다. 그래서 학생들에게 하루에 '조용히 해라', '집중해라', '발 움직이지 말라'는 말을 얼마나 많이 합니까! 그런데 이런 공부를 강조하면 학생들은 수동적인 학습을 하게 됩니다. 그래서 교사는 수동적인 학생들을 끌고 가게 됩니다. 학생과 교사 모두 지쳐 버립니다.

함께 배움의 초기에 나타나는 소란함을 저는 치유되는 소리라고 생각합니다. 그동안 가만히 앉아 있으로고 강요받았던 것이 치유되어, 자신들 본연의 능동성을 회복하는 시간입니다. 그래서 저는 함께 배움을 힐링 수업이라고 부르고 싶습니다. 다음과 같은 자유 기술 응답의 '쉽다', '좋다', '자유롭게'라는 반응에서도 엿볼 수 있습니다.

- 친구가 설명해 주니 이해하기 쉬웠다.
- 모르는 것을 물어볼 수 있어 좋다.
- 친구 사이가 좋아진다.
- 자유롭게 내 스타일로 공부할 수 있어 좋다.
- 친구와 같이 공부하니 이해가 잘된다.
- 친구에게 설명하다 보니 내가 더 잘 알게 된다.

함께 배움과 인성교육

이 책에도 나와 있지만, 니시카와 교수가 함께 배움을 개발하게 된 동기는 학생들의 학력보다는 인성교육에 있습니다. 학생들이 서로 도와서 학습 과제라는 어려움을 달성함으로써, 서로 간의 유대가 튼튼해집니다. 문제가 생기더라도 자신들의 힘으로 해결하려는 면이 강해진다고 합니다. 인간관계가 좋아지기 때문에 따돌림이 없어지고, 등교 거부 학생이 사라진다고 합니다.

우리나라의 인성교육은 일종의 일회성 이벤트(행사)로 진행되는 경우가 많습니다. 그것도 내실 있는 행사가 아닌 보여 주기식 행사 말입니다. 때문에 행사가 끝나면 구호만 남고, 문제는 은폐되어 더 악화됩니다. 줄어들지 않는 자살률과 학업중단율이 그것을 극명하게 증명합니다. 최근 우리 사회에서 발생하고 있는 아동 학대 등 이상한 범죄들은 우리나라 인성교육의 실패 그것입니다.

이처럼 효과 없는 인성교육 행사 준비를 위한 교사의 잡무는 얼마나 많습니까! 음악이나 미술 또는 체육 시간을 빼고 하는 인성 행사가 얼마나 많습니까! 함께 배움에서는 교과 학습 시간에 인성교육이 된다는 점이 다릅니다. 따로 시간 내서 인성교육을 할 필요가 없습니다. 교과 수업 자체가 인성교육 시간입니다. 그것도 학생들이 자발적으로 하는.

우리나라 인성교육은 학생들에게 '덕'을 가르칩니다. 예를 들어 공부 못하는 친구를 무시하지 말아야 한다고 훈계하는 식입니다. 반면에 함께 배움에서는 '득'을 이야기합니다. 공부 못하는 학생들을 도와야 이 시간의 과제가 달성되기 때문입니다. 즉 과제 달성은 나에게 '득'이 되는 것이고, 공부 못하는 학생을 돕는 것과 나의 '득'(이익)이 일치하기 때문에 교사가 시키지 않더라도 자발적으로 돕는 것입니다.

함께 배움 연구 결과에 의하면 학교 폭력, 따돌림, 등교 거부, 학업중단 등 많은 문제들이 급격하게 감소하여 거의 제로에 가깝게 된다고 합니다.

21세기 미래 핵심 역량과 함께 배움

얼마 전 인공지능 알파고와 이세돌 9단의 바둑 대결이 화제가 되었지요. 학생들이 살아갈 인공지능의 시대에 무엇을 어떻게 교육해야 할까요? OECD는 21세기 급속한 정보통신 과학기술의 발달과 국제사회의 변화에 대처하기 위한 핵심 역량을 연구하여 발표했습니다. 즉, 미래의 성공적인 삶과 지속적인 사회 발전을 위해 모든 인간이 지식을 창조하고 활용하기 위해 필요한 고차원적인 능력을 다음과 같이 세 가지 범주로 정리하여 발표했습니다.

범주 1

도구의 상호작용적 이용(언어나 상징, 텍스트를 상호작용적으로 사용할 수 있는 능력, 지식과 정보를 상호작용적으로 사용할 수 있는 능력, 기술을 상호작용적으로 이용할 수 있는 능력)

범주 2

이질적인 집단 내에서의 상호작용(다른 사람들과 좋은 관계를 맺는 능력, 협동할 수 있는 능력, 갈등을 관리하고 해결하는 능력)

범주 3

자율적으로 행동하기(큰 그림 안에서 행동할 수 있는 능력, 생애 계

획과 개인적 프로젝트를 만들고 수행할 수 있는 능력, 권리와 흥미, 한계와 필요를 주장할 수 있는 능력)

_DeSeCo 프로젝트, OECD, 2003.

함께 배움은 기본적으로 학생이 학습의 주체가 되어 과제를 협동하여 달성하는 일종의 프로젝트 협력 학습이라고 볼 수 있습니다. 이런 활발한 상호작용 활동의 결과로 문제 해결력, 의사소통력, 주체적 행동력, 책임감, 협동력 등의 능력이 길러집니다.

OECD의 미래 핵심 역량적 측면에서 살펴보면, 과제를 해결하면서 자신이 이해한 내용을 다른 친구들에게 설명하기는 범주 1의 도구의 상호적 이용과 관련됩니다. 또 학급(또는 학교)의 다양한 학생들 간의 상호작용은 범주 2의 이질적인 집단 내에서의 상호작용과 관련됩니다. 자신들의 주도적인 선택에 의한 활동은 범주 3의 자율적으로 행동하기와 관련됩니다. 결국 함께 배움 수업은 일제 수업으로는 달성하기 어려운 미래 핵심 역량을 육성할 수 있는 수업으로 판단됩니다.

선생님, 오늘도 함께 배움 수업해요?

일본에는 협동 학습, 배움의 공동체 학습 등 학생들의 주체적인 활동을 중시하는 다양한 형태의 수업이 있습니다. 그래서 함께 배움을 다른 협동적 수업과 구별하기 위해 괄호(『 』)로 묶어서 사용하고 있습니다.[9]

---

9. 일본어로는 『学び合い』와 같이 표기한다.

함께 배움 수업은 기본적으로 교사의 과제 제시-학생들의 과제 해결 활동-평가로 이어지는 매우 단순한 수업 형태입니다. 단순하지만 그 수업 속에는 다양성이 있습니다.

학생들의 과제 해결 활동에는 발견, 문제 해결, 조사, 그룹 토의, 토론, 탐구 등 다양한 학습 활동이 들어 있습니다. 예를 들어 교사가 과제를 제시하면, 먼저 학생들은 교과서의 해당하는 곳을 찾아 읽기 시작합니다(자기 주도적 학습). 그리고 의문점이 해결되지 않으면 친구를 찾아가 물어봅니다. 그런데 내 생각과 친구 생각이 다르면 서로 토의합니다(토의 학습). 그래도 의문이 남으면 다른 자료를 찾으러 가거나(탐구 학습), 다른 친구들의 생각을 물어봅니다. 이러다 보면 생각이 같은 학생들과 다른 학생들끼리 집단이 되어 토론을 벌이는 경우(토론 학습)도 있습니다. 결국 적절한 답을 발견하게(발견 학습) 됩니다. 전체적으로는 과제라는 문제를 해결하는 문제 해결 학습이 됩니다.

함께 배움은 실체가 있는 수업입니다. 또, 일반 선생님이 배우기에 어렵지도 않다고 합니다. 2~3일 정도의 연수를 받으면 수업에 바로 적용할 수 있다고 합니다. 국어, 수학, 사회뿐만 아니라 과학, 영어를 포함한 모든 교과를 함께 배움 수업으로 할 수 있고, 참고가 될 수 있는 20여 년의 풍부한 실천 사례도 있습니다.[10]

또한 수업의 결과가 학력 향상으로 바로 나타나기 때문에 학부모들도 대환영이라고 합니다. 그리고 무엇보다도 학생들의 반응이 놀라웠습

---

10. 일본에 121개의 연구 모임이 있고, 18개의 초중학교에서 연구가 진행되었다. 『学び合い』연구회 http://manabiai.g.hatena.ne.jp/에는 수업 동영상 등 많은 실천 자료가 있음.

니다. 보통 수업 시간에는 거의 아무것도 하지 않으려던 학생조차 "선생님, 오늘도 함께 배움 수업해요?"라고 물어볼 정도입니다.

다음과 같은 학생들의 목소리가 우리 교실에서도 울려 퍼지기를 소망해 봅니다.

"공부가 재미있어요!"

"공부가 쉬워졌어요!"

"친구와 함께하니 더 좋아요!"

수업 실천 사례 참고 문헌

西川 純(2015), すぐわかる! できる! アクティブ·ラ_ニング, 學陽書房.

西川 純(2012), クラスがうまくいく!『學び合い』ステップアップ, 學陽書房.

西川 純(2010), クラスが元気になる!『學び合い』スタ_トブック, 學陽書房.

三崎 隆(2014), これだけは知っておきたい『學び合い』の基礎基本, 學事出版.

水落芳明, 阿部隆幸(2015), だからこの『學び合い』は成功する!, 學事出版.

水落芳明, 阿部隆幸(2014), 成功する『學び合い』はここが違う!, 學事出版.

田村 學(2015), 授業を磨く, 東洋館出版社.

東京大學教育學部カリキュラム·イノベ_ション研究會(2015), カリキュラム·イノベ_ショ
　　ン: 新しい學びの創造へ向けて, 東京大學出版會.

ネットワ_ク編集委員研(2014),「協同學習」『學び合い』「學びの共同体」その良さと實踐,
　　授業づくりネットワ_ク No.16, 學事出版.

ヴィゴツキ_(2003),「發達の最近接領域」の理論一教授·學習過程における子どもの發達,
　　三學出版.

柴田義松(2006), ヴィゴツキ-入門, 子どもの未來社.

佐藤 學(2012), 손우정 옮김,『학교의 도전』, 서울: 우리교육.

이혜정(2014),『서울·대에서는 누가 A+를 받는가?』, 서울: 다산에듀.

수업 실천 사례 온라인 자료

『學び合い』の手引き書(平成26年11月3日版) https://dl.dropboxuserco ntent.com/
　　u/352241/manabiai-data/net-book/tebiki.pdf

西川 純 연구실 http://jun24kawa.jimdo.com

三崎 隆 연구실 http://manabiai.g.hatena.ne.jp/OB1989/

水落芳明 연구실 http://roomofmizuochi.jimdo.com/

『學び合い』연구회 http://manabiai.g.hatena.ne.jp/

긴 겨울 동안, 큰 울림을 주는 이 책을 번역하면서 참으로 오랜만에 봄이 그리워졌습니다. 나뭇가지에 연초록으로 물오르는 모습이 그리워졌습니다.

어쩌면 교사에게는 새 학년이 시작되는 봄은, 정신없이 지나가는, 그래서 빨리 보내고 싶은 계절일 것입니다. 힘든 계절입니다. 그런데 그런 봄이 가슴 뛰게 기다려졌습니다.

새로운 아이들을 만났습니다. 함께 배움으로 시작하는 새 학급입니다. 그런데, 아이들의 맨얼굴이 보입니다. 가만히 앉아 있을 것만 요구받던 아이들입니다. 함께 배움에서는 아이들이 자신의 맨얼굴을 드러냅니다. 그 모습을 바라보는 저는 가슴이 아픕니다.

이 책에도 나와 있지요. 그 맨얼굴은 함께 배움이기 때문에 생긴 것이 아님을. 원래부터 있었던 문제가 드러난 것임을. 그래도 가슴이 아픕니다.

함께 배움을 통해, 우리 아이들은 점수라는 굴레를, 학원이라는 굴레를, 가만히 앉아만 있으라는 굴레를, 조용히 하라는 굴레를 벗고 있습니다. 그렇습니다. 함께 배움은 일종의 힐링 수업이기도 합니다.

함께 배움은 단순한 수업 방법론이 아니라고 개발자인 니시카와 교수님은 거듭거듭 강조합니다. 가치관이라고 합니다. 저는 마음속으로, 그래도 방법론이라고 반론을 제기했습니다.

긴 겨울을 보내고, 봄 같지 않은 봄을 맞이하고야 조금 알 것 같습니다. 함께 배움은 가치관임을. 생각임을.

내가 이 아이들을 어느 정도까지 믿고 있는가? 내가 이 아이들에게 요구하는 것이 정말 무엇일까? 함께 배움에서 함께는 어떻게 하는 것일까? 또 배움은 무엇일까? 앞으로 우리 사회는 어디로 가야만 할까? 이런 생각임을.

선생님, 함께 배움 좋습니다. 바로 성적이 오르고, 아이들 얼굴에 웃음꽃이 만발합니다. 그리고 아이들의 배움이 진지해집니다. 정말 좋습니다.

저처럼 교사 중심 수업을 오래한 사람도 동료 선생님과 함께하면 쉽게 학생 주도 수업으로 바꿀 수 있습니다. 그동안 잘난 체하며, 경쟁과

통제의 방식으로 가르쳤던 저의 부끄러운 업을 조금씩 씻어 내고자 합니다. 그 굴레를 벗어던지고자 합니다.

초고를 읽고 "읽을수록 흥미로운 책"이라며 바로 함께 배움을 실천하고 있는, 정리에 도움을 주신 한은미 선생님께 감사드립니다.
한밤중이나 때로는 새벽에도 저의 어리석은 질문에 바로 응답해 주신 저자인 니시카와 교수님께 감사드립니다.

저는 이 책을 아이들의 행복한 미래를 소망하는 초등학교 선생님께 권합니다. 학생들의 인성을 걱정하시는 중학교 선생님께 권합니다. 학생들의 학력 향상을 원하시는 고등학교 선생님께 권합니다.

노란 산수유꽃이 별처럼 피어난 밤에

삶의 행복을 꿈꾸는 교육은 어디에서 오는가?

미래 100년을 향한 새로운 교육 · 혁신교육을 실천하는 교사들의 필독서

▶ 교육혁명을 앞당기는 배움책 이야기
혁신교육의 철학과 잉걸진 미래를 만나다!

한국교육연구네트워크 총서

 01 핀란드 교육혁명
한국교육연구네트워크 엮음 | 320쪽 | 값 15,000원

 02 일제고사를 넘어서
한국교육연구네트워크 엮음 | 284쪽 | 값 13,000원

 03 새로운 사회를 여는 교육혁명
한국교육연구네트워크 엮음 | 380쪽 | 값 17,000원

 04 교장제도 혁명
한국교육연구네트워크 엮음 | 268쪽 | 값 14,000원

 05 새로운 사회를 여는 교육자치 혁명
한국교육연구네트워크 엮음 | 312쪽 | 값 15,000원

 06 혁신학교에 대한 교육학적 성찰
한국교육연구네트워크 엮음 | 308쪽 | 값 15,000원

 07 진보주의 교육의 세계적 동향
한국교육연구네트워크 엮음 | 324쪽 | 값 17,000원

 08 더 나은 세상을 위한 학교혁명
한국교육연구네트워크 엮음 | 404쪽 | 값 21,000원

 혁신학교
성열관·이순철 지음 | 224쪽 | 값 12,000원

 행복한 혁신학교 만들기
초등교육과정연구모임 지음 | 264쪽 | 값 13,000원

 서울형 혁신학교 이야기
이부영 지음 | 320쪽 | 값 15,000원

 혁신교육, 철학을 만나다
브렌트 데이비스·데니스 수마라 지음
현인철·서용선 옮김 | 304쪽 | 값 15,000원

 혁신교육 존 듀이에게 묻다
서용선 지음 | 292쪽 | 값 14,000원

 다시 읽는 조선 교육사
이만규 지음 | 750쪽 | 값 33,000원

 대한민국 교육혁명
교육혁명공동행동 연구위원회 지음 | 224쪽 | 값 12,000원

한국교육연구네트워크 번역 총서

 01 프레이리와 교육
존 엘리아스 지음 | 한국교육연구네트워크 옮김
276쪽 | 값 14,000원

 02 교육은 사회를 바꿀 수 있을까?
마이클 애플 지음 | 강희룡·김선우·박원순·이형빈 옮김
352쪽 | 값 16,000원

 **03 비판적 페다고지는
세상을 변화시킬 수 있는가?**
Seewha Cho 지음 | 심성보·조시화 옮김 | 280쪽 | 값 14,000원

 04 마이클 애플의 민주학교
마이클 애플·제임스 빈 엮음 | 강희룡 옮김 | 276쪽 | 값 14,000원

 05 21세기 교육과 민주주의
넬 나딩스 지음 | 심성보 옮김 | 392쪽 | 값 18,000원

 **06 세계교육개혁:
민영화 우선인가 공적 투자 강화인가?**
린다 달링-해먼드 외 지음 | 심성보 외 옮김 | 408쪽 | 값 21,000원

대한민국 교사, 어떻게 가르칠 것인가?
윤성관 지음 | 320쪽 | 값 15,000원

 아이들을 어떻게 가르칠 것인가
사토 마나부 지음 | 박찬영 옮김 | 232쪽 | 값 13,000원

 아이들의 배움은 어떻게 깊어지는가
이시이 준지 지음 | 방지현·이창희 옮김 | 200쪽 | 값 11,000원

 모두를 위한 국제이해교육
한국국제이해교육학회 지음 | 364쪽 | 값 16,000원

 경쟁을 넘어 발달 교육으로
현광일 지음 | 288쪽 | 값 14,000원

 독일 교육, 왜 강한가?
박성희 지음 | 324쪽 | 값 15,000원

 핀란드 교육의 기적
한닐레 니에미 외 엮음 | 장수명 외 옮김 | 452쪽 | 값 23,000원

▶ 비고츠키 선집 시리즈
발달과 협력의 교육학 어떻게 읽을 것인가?

생각과 말
레프 세묘노비치 비고츠키 지음
배희철·김용호·D. 켈로그 옮김 | 690쪽 | 값 33,000원

성장과 분화
L.S. 비고츠키 지음 | 비고츠키 연구회 옮김
308쪽 | 값 15,000원

도구와 기호
비고츠키·루리야 지음 | 비고츠키 연구회 옮김
336쪽 | 값 16,000원

의식과 숙달
L.S 비고츠키 | 비고츠키 연구회 옮김
348쪽 | 값 17,000원

어린이 자기행동숙달의 역사와 발달 I
L.S. 비고츠키 지음 | 비고츠키 연구회 옮김
564쪽 | 값 28,000원

분열과 사랑
L.S. 비고츠키 지음 | 비고츠키연구회 옮김
260쪽 | 값 16,000

어린이 자기행동숙달의 역사와 발달 II
L.S. 비고츠키 지음 | 비고츠키 연구회 옮김
552쪽 | 값 28,000원

관계의 교육학, 비고츠키
진보교육연구소 비고츠키교육학실천연구모임 지음
300쪽 | 값 15,000원

어린이의 상상과 창조
L.S. 비고츠키 지음 | 비고츠키 연구회 옮김
280쪽 | 값 15,000원

비고츠키 생각과 말 쉽게 읽기
진보교육연구소 비고츠키교육학실천연구모임 지음
316쪽 | 값 15,000원

연령과 위기
L.S. 비고츠키 지음 | 비고츠키 연구회 옮김
336쪽 | 값 17,000원

비고츠키와 인지 발달의 비밀
A.R. 루리야 지음 | 배희철 옮김 | 280쪽 | 값 15,000원

수업과 수업 사이
비고츠키 연구회 지음 | 196쪽 | 값 12,000원

교사와 부모를 위한 비고츠키 교육학
카르포프 지음 | 실천교사번역팀 옮김 | 308쪽 | 값 15,000원

▶ 창의적인 협력수업을 지향하는 삶이 있는 국어 교실
우리말 글을 배우며 세상을 배운다

중학교 국어 수업 어떻게 할 것인가?
김미경 지음 | 340쪽 | 값 15,000원

이야기 꽃 1
박용성 엮어 지음 | 276쪽 | 값 9,800원

토론의 숲에서 나를 만나다
명혜정 엮음 | 312쪽 | 값 15,000원

이야기 꽃 2
박용성 엮어 지음 | 294쪽 | 값 13,000원

토닥토닥 토론해요
명혜정·이명선·조선미 엮음 | 288쪽 | 값 15,000원

인문학의 숲을 거니는 토론 수업
순천국어교사모임 엮음 | 308쪽 | 값 15,000원

어린이와 시
오인태 지음 | 192쪽 | 값 12,000원

수업, 슬로리딩과 함께
박경숙·강슬기·김정욱·장소현·강민정·전혜림·이혜민 지음
268쪽 | 값 15,000원

▶ 남북이 하나 되는 두물머리 평화교육
분단 극복을 위한 치열한 배움과 실천을 만나다

10년 후 통일
정동영·지승호 지음 | 328쪽 | 값 15,000원

선생님, 통일이 뭐예요?
정경호 지음 | 252쪽 | 값 13,000원

분단시대의 통일교육
성래운 지음 | 428쪽 | 값 18,000원

김창환 교수의 DMZ 지리 이야기
김창환 지음 | 264쪽 | 값 15,000원

▶ 4·16, 질문이 있는 교실 마주이야기
통합수업으로 혁신교육과정을 재구성하다!

통하는 공부
김태호·김형우·이경석·심우근·허진만 지음
324쪽 | 값 15,000원

미래교육의 열쇠, 창의적 문화교육
심광현·노명우·강정석 지음 | 368쪽 | 값 16,000원

내일 수업 어떻게 하지?
아이함께 지음 | 300쪽 | 값 15,000원
2015 세종도서 교양부문

주제통합수업, 아이들을 수업의 주인공으로!
이윤미 외 지음 | 392쪽 | 값 17,000원

인간 회복의 교육
성래운 지음 | 260쪽 | 값 13,000원

수업과 교육의 지평을 확장하는 수업 비평
윤양수 지음 | 316쪽 | 값 15,000원
2014 문화체육관광부 우수교양도서

교과서 너머 교육과정 마주하기
이윤미 외 지음 | 368쪽 | 값 17,000원

교사, 선생이 되다
김태은 외 지음 | 260쪽 | 값 13,000원

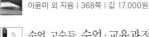
수업 고수들 수업·교육과정·평가를 말하다
박현숙 외 지음 | 368쪽 | 값 17,000원

교사의 전문성, 어떻게 만들어지나
국제교원노조연맹 보고서 | 김석규 옮김 392쪽 | 값 17,000원

도덕 수업, 책으로 묻고 윤리로 답하다
울산도덕교사모임 지음 | 320쪽 | 값 15,000원

수업의 정치
윤양수·원종희·장군 지음 | 280쪽 | 값 14,000원

체육 교사, 수업을 말하다
전용진 지음 | 304쪽 | 값 15,000원

**학교협동조합,
현장체험학습과 마을교육공동체를 잇다**
주수원 외 지음 | 296쪽 | 값 15,000원

교실을 위한 프레이리
아이러 쇼어 엮음 | 사람대사람 옮김 | 412쪽 | 값 18,000원

**거꾸로교실,
잠자는 아이들을 깨우는 수업의 비밀**
이민경 지음 | 280쪽 | 값 14,000원

마을교육공동체란 무엇인가?
서용선 외 지음 | 360쪽 | 값 17,000원

교사는 무엇으로 사는가
정은균 지음 | 292쪽 | 값 15,000원

학교생활기록부를 디자인하라
박용성 지음 | 268쪽 | 값 14,000원

마음의 힘을 기르는 감성수업
조선미 외 지음 | 300쪽 | 값 15,000원

교사, 학교를 바꾸다
정진화 지음 | 372쪽 | 값 17,000원

작은 학교 아이들
지경준 엮음 | 376쪽 | 값 17,000원

함께 배움
학생 주도 배움 중심 수업 이렇게 한다
니시카와 준 지음 | 백경석 옮김 | 280쪽 | 값 15,000원

감성 지휘자, 우리 선생님
박종국 지음 | 308쪽 | 값 15,000원

공교육은 왜?
홍섭근 지음 | 352쪽 | 값 16,000원

대한민국 입시혁명
참교육연구소 입시연구팀 지음 | 220쪽 | 값 12,000원

자기혁신과 공동의 성장을 위한
교사들의 필리버스터
윤양수·원종희·장군·조경삼 지음 | 280쪽 | 값 14,000원

교사를 세우는 교육과정
박승열 지음 | 312쪽 | 값 15,000원

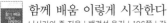
함께 배움 이렇게 시작한다
니시카와 준 지음 | 백경석 옮김 | 196쪽 | 값 12,000원

전국 17명 교육감들과 나눈
교육 대담
최창의 대담·기록 | 272쪽 | 값 15,000원

함께 배움 교사의 말하기
니시카와 준 지음 | 백경석 옮김 | 188쪽 | 값 12,000원

들뢰즈와 가타리를 통해
유아교육 읽기
리세롯 마리엣 올슨 지음 | 이연선 외 옮김 | 328쪽 | 값 17,000원

교육과정 통합, 어떻게 할 것인가?
성열관 외 지음 | 192쪽 | 값 13,000원

 학교 민주주의의 불한당들
정은균 지음 | 276쪽 | 값 14,000원

 동양사상에게 인공지능 시대를 묻다
홍승표 외 지음 | 260쪽 | 값 15,000원

 교육과정, 수업, 평가의 일체화
리사 카터 지음 | 박승열 외 옮김 | 196쪽 | 값 13,000원

 학교 혁신의 길, 아이들에게 묻다
남궁상운 외 지음 | 268쪽 | 값 15,000원

 학교를 개선하는 교장
지속가능한 학교 혁신을 위한 실천 전략
마이클 풀란 지음 | 서동연·정효준 옮김 | 216쪽 | 값 13,000원

 프레이리의 사상과 실천
사람대사람 지음 | 352쪽 | 값 18,000원

 공자뎐, 논어는 이것이다
유문상 지음 | 392쪽 | 값 18,000원

 혁신학교, 한국 교육의 미래를 열다
송순재 외 지음 | 608쪽 | 값 30,000원

 교사와 부모를 위한
발달교육이란 무엇인가?
현광일 지음 | 380쪽 | 값 18,000원

 페다고지를 위하여
프레네의 『페다고지 불변요소』 읽기
박찬영 지음 | 296쪽 | 값 15,000원

 교사, 이오덕에게 길을 묻다
이무완 지음 | 328쪽 | 값 15,000원

 노자와 탈현대 문명
홍승표 지음 | 284쪽 | 값 15,000원

 낙오자 없는 스웨덴 교육
레이프 스트란드베리 지음 | 변광수 옮김 | 208쪽 | 값 13,000원

 선생님, 민주시민교육이 뭐예요?
염경미 지음 | 244쪽 | 값 15,000원

 끝나지 않은 마지막 수업
장석웅 지음 | 328쪽 | 값 20,000원

 어쩌다 혁신학교
유우석 외 지음 | 380쪽 | 값 17,000원

 대구, 박정희 패러다임을 넘다
세대열 엮음 | 292쪽 | 값 20,000원

 미래, 교육을 묻다
정광필 지음 | 232쪽 | 값 15,000원

 경기꿈의학교
진흥섭 외 지음 | 360쪽 | 값 17,000원

 대학, 협동조합으로 교육하라
박주희 외 지음 | 252쪽 | 값 15,000원

 학교를 말한다
이성우 지음 | 292쪽 | 값 15,000원

▶ 교과서 밖에서 만나는 역사 교실
상식이 통하는 살아 있는 역사를 만나다

 전봉준과 동학농민혁명
조광환 지음 | 336쪽 | 값 15,000원

 교과서 밖에서 배우는 역사 공부
정은교 지음 | 292쪽 | 값 14,000원

 남도의 기억을 걷다
노성태 지음 | 344쪽 | 값 14,000원

 팔만대장경도 모르면 빨래판이다
전병철 지음 | 360쪽 | 값 16,000원

 응답하라 한국사 1·2
김은석 지음 | 356쪽·368쪽 | 각권 값 15,000원

 빨래판도 잘 보면 팔만대장경이다
전병철 지음 | 360쪽 | 값 16,000원

 즐거운 국사수업 32강
김남선 지음 | 280쪽 | 값 11,000원

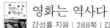 영화는 역사다
강성률 지음 | 288쪽 | 값 13,000원

 즐거운 세계사 수업
김은석 지음 | 328쪽 | 값 13,000원

 친일 영화의 해부학
강성률 지음 | 264쪽 | 값 15,000원

강화도의 기억을 걷다
최보길 지음 | 276쪽 | 값 14,000원

광주의 기억을 걷다
노성태 지음 | 348쪽 | 값 15,000원

**선생님도 궁금해하는
한국사의 비밀 20가지**
김은석 지음 | 312쪽 | 값 15,000원

걸림돌
키르스텐 세룹-빌펠트 지음 | 문봉애 옮김
248쪽 | 값 13,000원

역사수업을 부탁해
열 사람의 한 걸음 지음 | 388쪽 | 값 18,000원

진실과 거짓, 인물 한국사
하성환 지음 | 400쪽 | 값 18,000원

한국 고대사의 비밀
김은석 지음 | 304쪽 | 값 13,000원

조선족 근현대 교육사
정미량 지음 | 320쪽 | 값 15,000원

다시 읽는 조선근대교육의 사상과 운동
윤건차 지음 | 이명실·심성보 옮김 | 516쪽 | 값 25,000원

음악과 함께 떠나는 세계의 혁명 이야기
조광환 지음 | 292쪽 | 값 15,000원

논쟁으로 보는 일본 근대교육의 역사
이명실 지음 | 324쪽 | 값 17,000원

다시, 독립의 기억을 걷다
노성태 지음 | 320쪽 | 값 16,000원

▶더불어 사는 정의로운 세상을 여는 인문사회과학
사람의 존엄과 평등의 가치를 배운다

밥상혁명
강양구·강이현 지음 | 298쪽 | 값 13,800원

도덕 교과서 무엇이 문제인가?
김대용 지음 | 272쪽 | 값 14,000원

자율주의와 진보교육
조엘 스프링 지음 | 심성보 옮김 | 320쪽 | 값 15,000원

민주화 이후의 공동체 교육
심성보 지음 | 392쪽 | 값 15,000원
2009 문화체육관광부 우수학술도서

갈등을 넘어 협력 사회로
이창언·오수길·유문종·신윤관 지음 | 280쪽 | 값 15,000원

동양사상과 마음교육
정재걸 외 지음 | 356쪽 | 값 16,000원
2015 세종도서 학술부문

교과서 밖에서 배우는 철학 공부
정은교 지음 | 280쪽 | 값 14,000원

교과서 밖에서 배우는 사회 공부
정은교 지음 | 304쪽 | 값 15,000원

교과서 밖에서 배우는 윤리 공부
정은교 지음 | 292쪽 | 값 15,000원

한글 혁명
김슬옹 지음 | 388쪽 | 값 18,000원

좌우지간 인권이다
안경환 지음 | 288쪽 | 값 13,000원

민주시민교육
심성보 지음 | 544쪽 | 값 25,000원

민주시민을 위한 도덕교육
심성보 지음 | 500쪽 | 값 25,000원
2015 세종도서 학술부문

교과서 밖에서 배우는 인문학 공부
정은교 지음 | 280쪽 | 값 13,000원

오래된 미래교육
정재걸 지음 | 392쪽 | 값 18,000원

대한민국 의료혁명
전국보건의료산업노동조합 엮음 | 548쪽 | 값 25,000원

교과서 밖에서 배우는 고전 공부
정은교 지음 | 288쪽 | 값 14,000원

전체 안의 전체 사고 속의 사고
김우창의 인문학을 읽다
현광일 지음 | 320쪽 | 값 15,000원

카스트로, 종교를 말하다
피델 카스트로·프레이 베토 대담 | 조세종 옮김
420쪽 | 값 21,000원

▶ 평화샘 프로젝트 매뉴얼 시리즈
학교 폭력에 대한 근본적인 예방과 대책을 찾는다

학교 폭력 어떻게 만들어지는가
문재현 외 지음 | 300쪽 | 값 14,000원

학교 폭력, 멈춰!
문재현 외 지음 | 348쪽 | 값 15,000원

왕따, 이렇게 해결할 수 있다
문재현 외 지음 | 236쪽 | 값 12,000원

젊은 부모를 위한 백만 년의 육아 슬기
문재현 지음 | 248쪽 | 값 13,000원

우리는 마을에 산다
유양우 · 신동명 · 김수동 · 문재현 지음 | 312쪽 | 값 15,000원

아이들을 살리는 동네
문재현 · 신동명 · 김수동 지음 | 204쪽 | 값 10,000원

평화! 행복한 학교의 시작
문재현 외 지음 | 252쪽 | 값 12,000원

마을에 배움의 길이 있다
문재현 지음 | 208쪽 | 값 10,000원

별자리, 인류의 이야기 주머니
문재현 · 문한뫼 지음 | 444쪽 | 값 20,000원

▶ 살림터 참교육 문예 시리즈
영혼이 있는 삶을 가르치는 온 선생님을 만나다!

꽃보다 귀한 우리 아이는
조재도 지음 | 244쪽 | 값 12,000원

성깔 있는 나무들

최은숙 지음 | 244쪽 | 값 12,000원

아이들에게 세상을 배웠네
명혜정 지음 | 240쪽 | 값 12,000원

밥상에서 세상으로
김흥숙 지음 | 280쪽 | 값 13,000원

선생님이 먼저 때렸는데요
강병철 지음 | 248쪽 | 값 12,000원

서울 여자, 시골 선생님 되다
조경선 지음 | 252쪽 | 값 12,000원

행복한 창의 교육
최창의 지음 | 328쪽 | 값 15,000원

북유럽 교육 기행
정애경 외 14인 지음 | 288쪽 | 값 14,000원

▶ 출간 예정